patchwork
A arte de unir retalhos

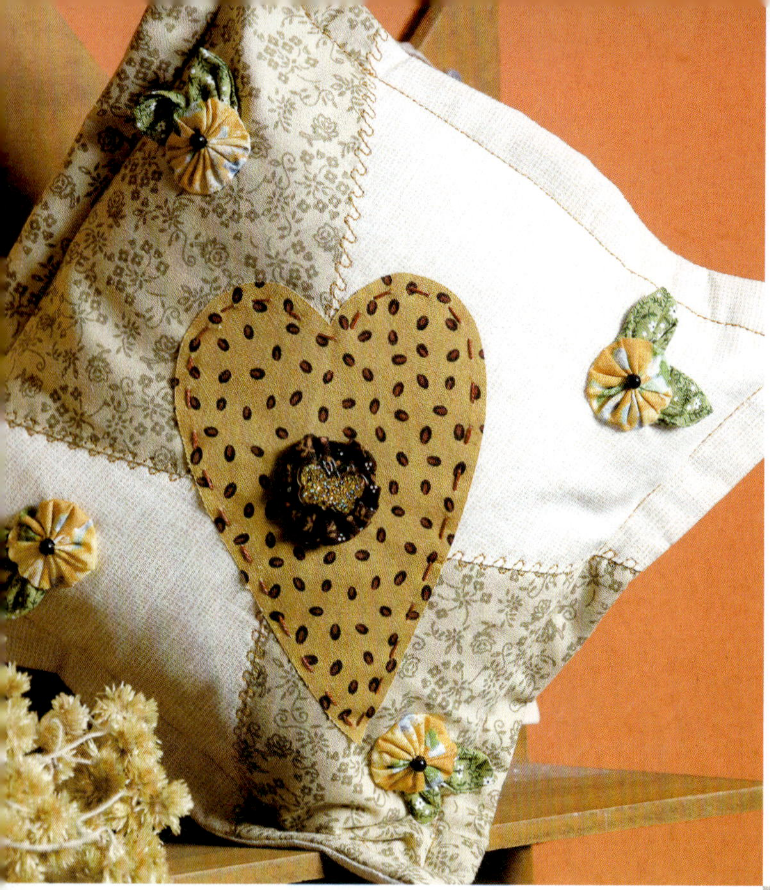

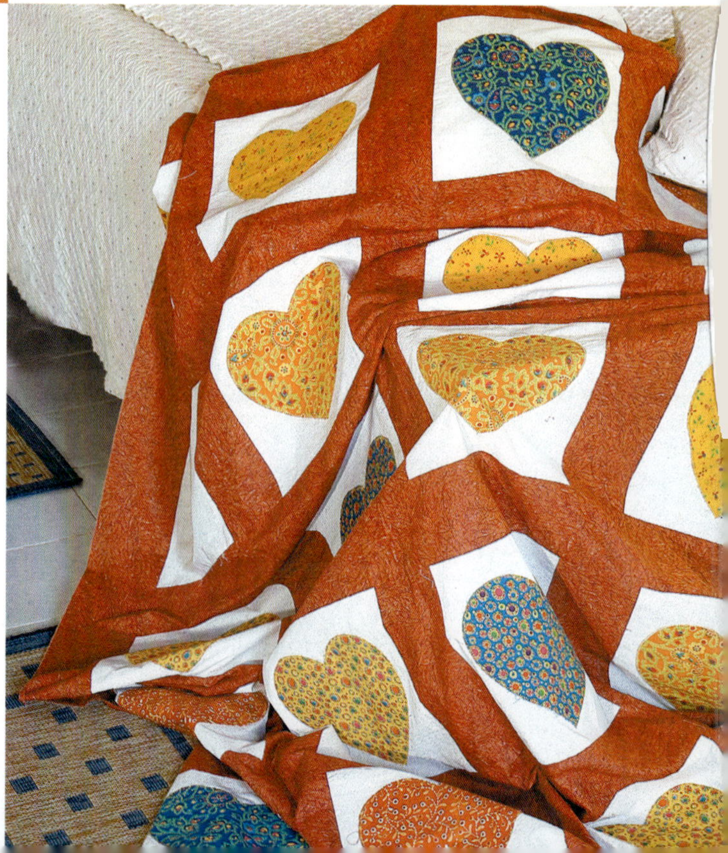

patchwork
A arte de unir retalhos

Lafonte

Patchwork - A arte de unir retalhos
Copyright © 2011 by Editora Lafonte.

Todos os direitos reservados
Nenhuma parte deste livro pode ser reproduzida sob quaisquer
meios existentes sem autorização por escrito dos editores.

O texto deste livro foi editado conforme as normas do novo acordo ortográfico
da língua portuguesa, em vigor no Brasil desde 1º de janeiro de 2009.

Imagem da capa: Joanne Schmaltz/Getty Images

Edição brasileira

Publisher	*Janice Florido*
Editora de arte	*Ana Dobón*
Coordenação editorial e arte	*Carlos Alberto Gonçalves*
Organização e execução de peças	*Marilia Salomão*
Textos	*Gisele Bonaroski*
Fotógrafo	*Arthur Bragança*

1ª edição: 2011

Dados Internacionais de Catalogação na Publicação (CIP)
(Câmara Brasileira do Livro, SP, Brasil)

Gonçalves, Carlos Alberto
 Patchwork : a arte de unir retalhos / Carlos Alberto Gonçalves. – São Paulo : Editora Lafonte, 2011.

 ISBN 978-85-7635-882-4
 1. Artesanato 2. Atividades criativas 3. Patchwork 4. Trabalhos manuais I. Título

11-06481   CDD-746.46

Índices para catálogo sistemático:
1. Patchwork : Artesanato : Trabalhos manuais : Artes 746.46

Av. Profa. Ida Kolb, 551 - 3º andar - São Paulo - SP - CEP 02518-000
Tel. : 55 11 3855-2290 / Fax: 55 11 3855-2280
atendimento@larousse. com. br • www. larousse. com. br

sumário

patchwork
a arte de unir retalhos

Apresentação 07
Patchwork: muito prazer! 9
Materiais 10
Combinação de cores e estampas 12
Como otimizar o tecido 14

Receitas passo a passo 17
Alfineteiro especial 18
Porta-tesoura 22
Travesseirinho infantil 26
Capa para celular 30
Ecobag multiuso 34
Bolsa bandana 40
Carteira colorida 44
Colcha de corações 50
Jogo americano 54

Nécessaire coração 58
Bolsa vintage 64
Bolsa organizadora 70
Cestinha decorativa 78
Cestinha de pães 84
Porta-treco 88
Capa para máquina de costura 94
Porta-joias 102
Almofada com fuxicos 108
Lixeira para carro 114
Almofada dupla 120
Bolsa 124
Manta infantil 130
Caminho de mesa 134
Panô 138

apresentação

Com o patchwork é assim: quanto mais você conhece a técnica, maior é o desejo de continuar e quando se vê, já não consegue viver sem ela. É incrível como o patch, aos poucos, vai dominando nossos sentidos, afinal, quem já não ficou horas a fio em frente à tela do computador, buscando novidades e técnicas diferentes na Internet? E quem nunca se perdeu em uma loja de tecidos, morrendo de vontade de levar todas as padronagens, cores e estampas, certa de que vai usar na elaboração daquele projeto que está engavetado há anos?

Pois é, estas e outras características fazem parte das "patchworkeiras" que, simplesmente, amam demais o que fazem. E aí, a pergunta: por que a técnica é tão especial? Em busca de respostas, conversamos com algumas pessoas e todas, sem exceção, são unânimes em dizer que, ao se dedicar aos paninhos, tesouras e afins, o patch é pura magia – para algumas, cura a depressão e para outras é uma terapia e também uma fonte inesgotável de prazer. A verdade é que o patch é uma verdadeira arte de transformar!

E como é bom poder apresentar esta publicação mais do que especial. Arriscamos, inclusive, um palpite de que, ao folhear as páginas, você vai adorar nossas sugestões e correr até o seu armário para separar os tecidos e olhar atentamente as informações, com uma vontade imensa de colocar seu toque pessoal em cada projeto.

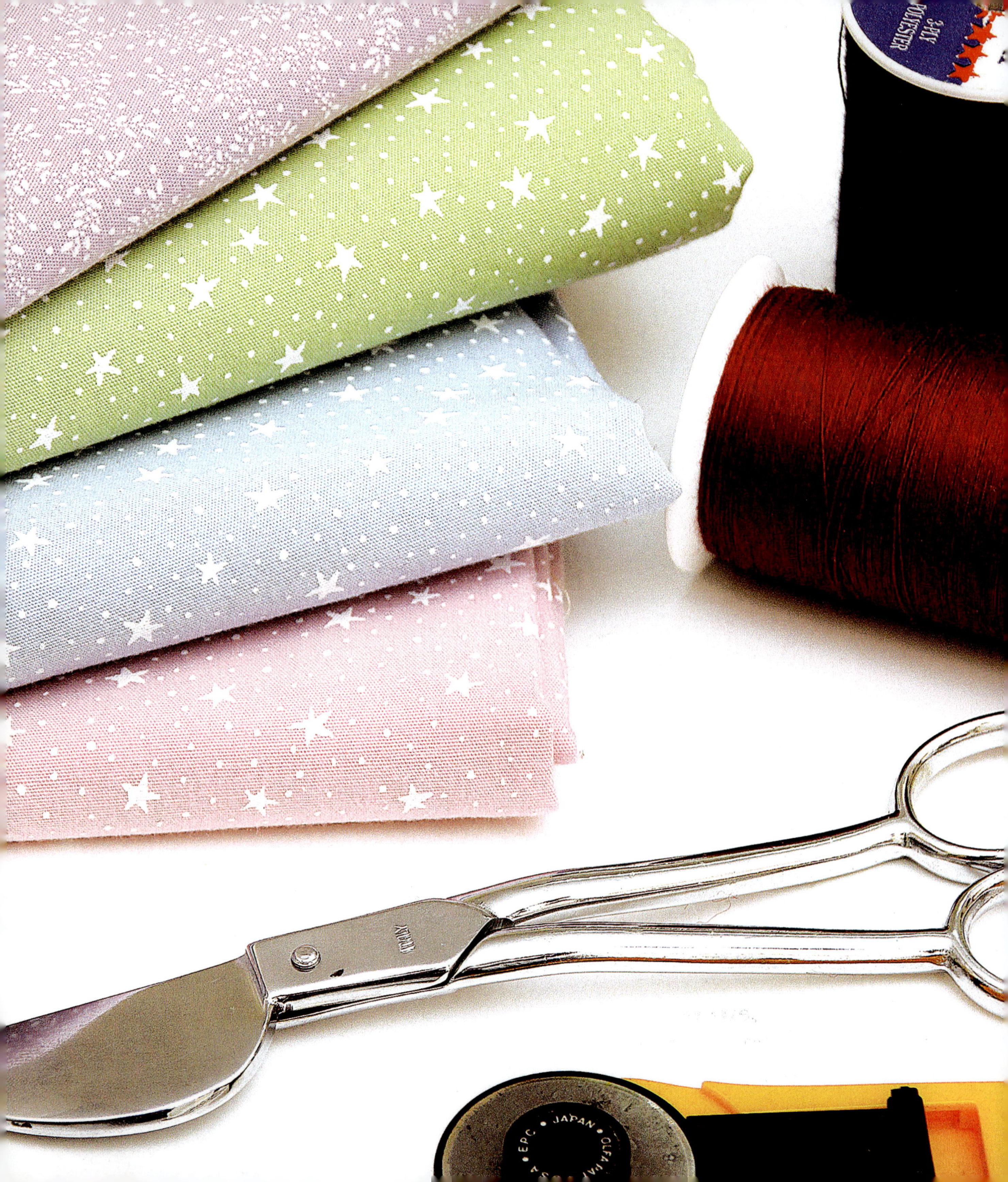
3-PLY POLYESTER
JAPAN

patchwork
muito prazer

Mais do que beleza, o patchwork também tem história. Os primeiros sinais da arte de unir retalhos começaram no Egito antigo, quando povos nômades uniam pedaços de lã e peles de animais para se protegerem do frio. Prova disso é uma peça de retalhos exposta no Museu do Cairo, datada de 600 a. C. Mas foi durante as Cruzadas que o patch ganhou mais destaque, sendo usada também para produzir mantas, roupas e bandeiras.

No período da colonização norte-americana, famílias inglesas e holandesas popularizaram a técnica no país, onde as mulheres, normalmente analfabetas e com poucas opções de lazer, se reuniam para montar colchas para as famílias mais carentes ou para enfeitar o enxoval de jovens prestes a se casar – prática que até hoje é seguida por muitas americanas. Para tornar os trabalhos mais interessantes elas começaram a criar alternativas de técnicas e funções para as peças, entre elas a aplicação de tecido sobre tecido.

Com o passar do tempo, o patchwork teve seus altos e baixos e foi no início do século XX que ele ganhou novo fôlego com a invenção da máquina de costura. Em terras verde e amarela, a técnica começou a ter destaque nos anos 1980 e 1990 e é, sem dúvida, uma das mais exploradas e queridas das pessoas que não abrem mão de reunir, em uma só técnica, beleza, arte e paixão.

materiais

Base para corte de patchwork – Conhecida também como *cutting mat*, é a base de apoio para usar o cortador. Eles possuem linhas com medidas em centímetros ou polegadas que facilitam os cortes dos tecidos. São vendidos em vários tamanhos e quanto maior ele for, mais facilidade você terá de cortar o tecido.

Cortadores circulares – O cortador é imprescindível para cortar tecidos com rapidez e precisão. Por sua lâmina extremamente afiada, deve-se redobrar o cuidado na hora de manuseá-lo. O mercado oferece vários tamanhos, o que vai depender do tipo de trabalho que você queira: quanto mais larga for a lâmina, mais camadas de tecido você irá cortar. Deixe-a apenas para o corte de tecidos e trabalhe sobre a base para corte de patchwork, para aumentar a vida útil desta ferramenta, que é encontrada em lojas especializadas de patchwork. O preço é um pouco salgado, mas sua durabilidade compensa o investimento.

Réguas – Fundamentais para os cortes exatos dos tecidos. São vendidas em polegadas ou centímetros. Utilize a régua sempre com o mesmo sistema da placa de corte, ou seja, placa em polegadas, régua idem e o mesmo se utilizar centímetros.

Tesouras – Reserve uma tesoura apenas para cortar tecidos e outra apenas para papel, assim a tesoura para tecido não perde o corte e seu trabalho renderá muito mais. Se possível, tenha por perto uma tesourinha para cortar linhas, aplicações e auxiliá-la no acabamento.

Linhas – A mais indicada é a 100% algodão, porém, o uso da linha mista ou só de poliéster é bem vinda, desde que seja de qualidade. Outra dica importante é combinar cor, tecido e tipo de ponto em que será usado, afinal, é nos pequenos detalhes que os trabalhos fazem a diferença.

Tecidos – Antes de trabalhar com os tecidos, preferencialmente 100% algodão, lave-os apenas com água para retirar a goma. Com isso, você corre poucos riscos de o seu trabalho desbotar e encolher. Depois de seco e passado a ferro, dobre-o corretamente para facilitar seu trabalho, já que o patchwork exige uma quantidade razoável de tecidos e muita organização. E lembre-se sempre de guardar os retalhos para confeccionar os fuxicos ou outros detalhes, valorizando ainda mais as peças.

Material básico de patchwork

Máquina de costura; Base para corte; Régua; Cortador circular; Lápis ou giz próprios para tecido; Linha de costura; Linha para bordar; Tecidos 100% algodão; Ferro de passar; Acetato ou papel cartão para moldes; Linha para quilt; Tesoura; Alfinetes; Desmanchador de costura; Lápis 6B; Fita métrica e Agulhas.

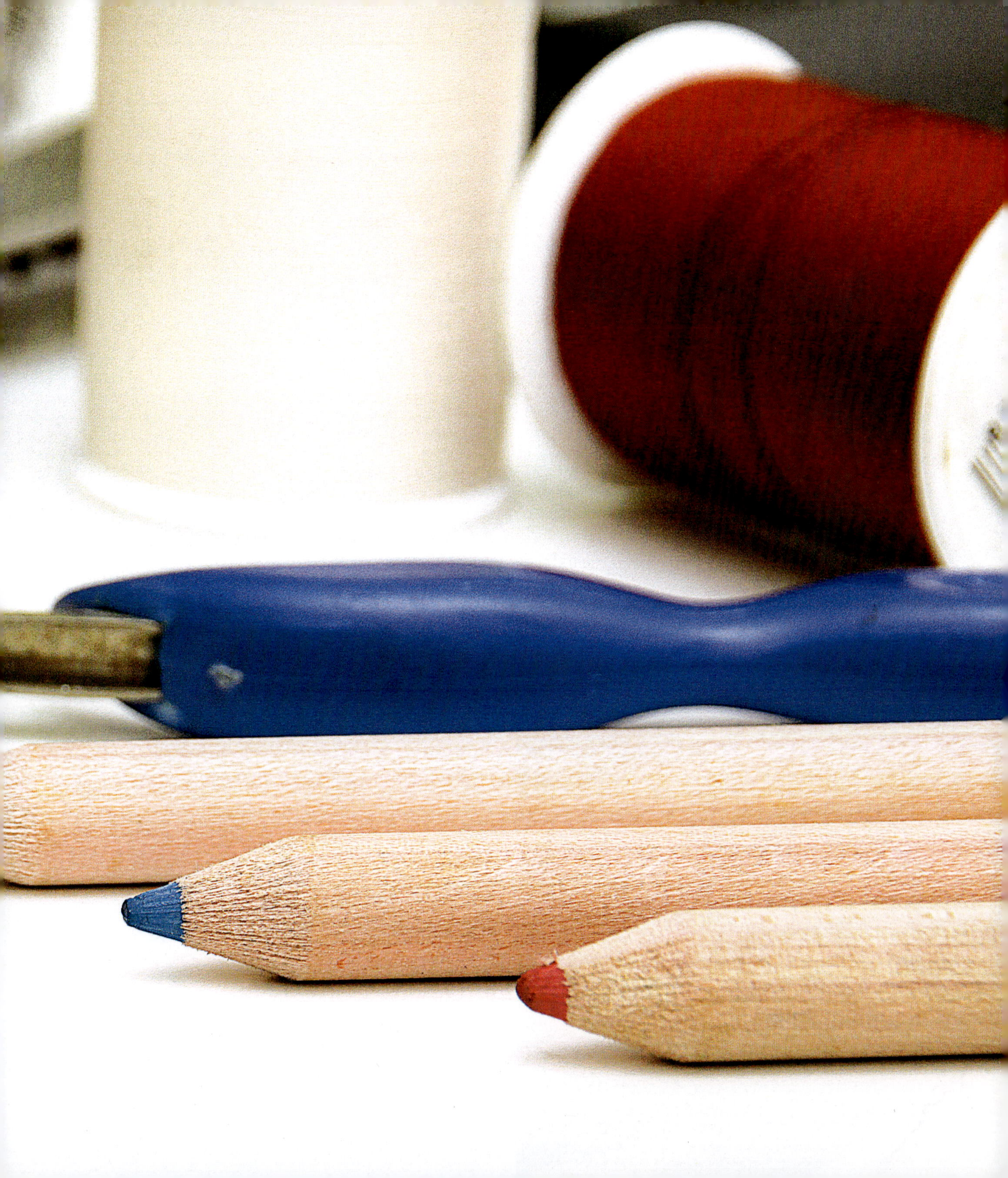

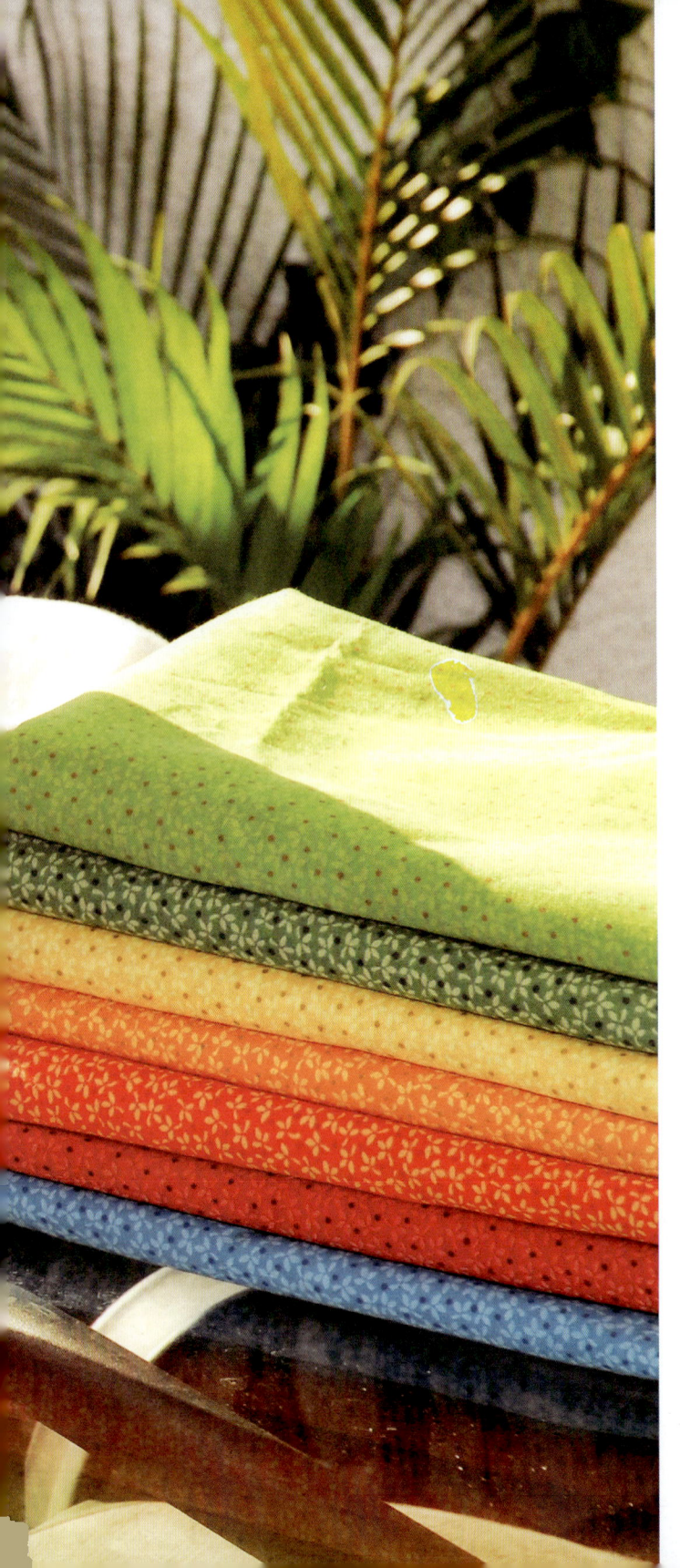

A combinação de cores e estampas é sempre um desafio no patchwork, mas, para ajudar, existem algumas regrinhas básicas.

Separe os tecidos estampados, aqueles com mais de uma informação de cor – florais, frutas, bichinhos, casinhas etc – dos tecidos lisos e tom sobre tom (ou texturas) – xadrez, poás, florais de uma tonalidade, manchados com nuances de uma só cor, estampas miúdas em tons da mesma cor etc. . .

Depois, escolha um dos tecidos estampados e procure as cores desta estampa nos tecidos do segundo grupo e vá reunindo ao redor do primeiro tecido. É importante observar se as cores são bem próximas (podendo ser tons mais claros ou escuros), ou, verificar se estão combinando com o tecido estampado.

O próximo passo é verificar o que chamamos de valor no conjunto de tecidos: um conjunto harmonioso tem tons claros, médios e escuros. É importante dosar o uso desses valores no trabalho para não ter partes muito escuras ou claras. Os contrastes são muito importantes para valorizar os motivos.

Esse estudo do conjunto de tecidos que pretendemos usar num novo trabalho não pode ser feito com pressa: exige um certo tempo e atenção. Dele depende boa parte do sucesso desse trabalho! É importante testar diversas possibilidades, substituir aquilo que não nos agrada ou muitas vezes até recomeçar com outra estampa.

Para não errar o corte e ainda otimizar o tecido, não deixe de ler estas informações.

1. Dobre o tecido, ourela com ourela, para cortar o tecido.

2. Passe o tecido a ferro, tomando cuidado para não tirar a dobra do lugar.

3. Posicione o tecido na placa, deixando-o paralelo a uma das linhas.

4. Coloque a régua por cima da borda do tecido, alinhando-a com as linhas da placa. Depois, passe o cortador bem rente para refilar.

5. Volte a colocar o tecido na placa com o lado que está acertado para o lado esquerdo, a partir do número 0.

6. Verifique se o tecido está sobre as linhas da placa e alinhe a régua na borda do tecido, com o tamanho desejado. Ao cortar, coloque a mão por cima da régua para ela não sair do lugar, deixando o corte perfeito.

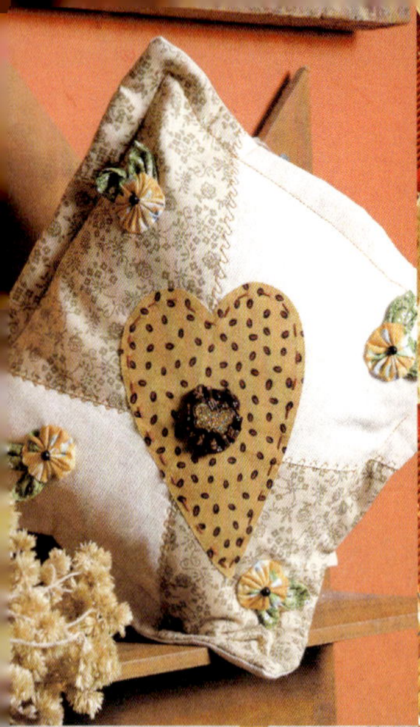
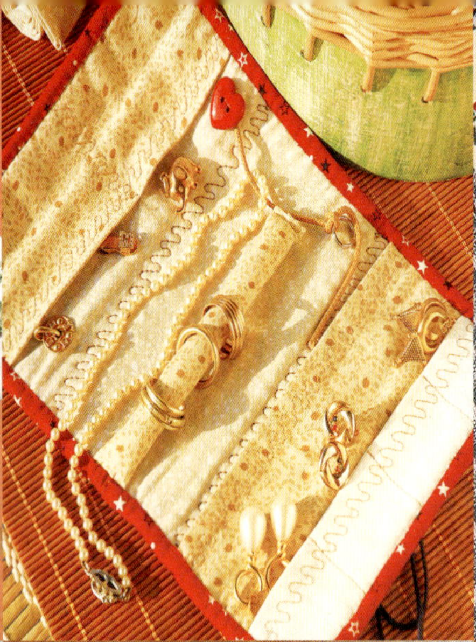
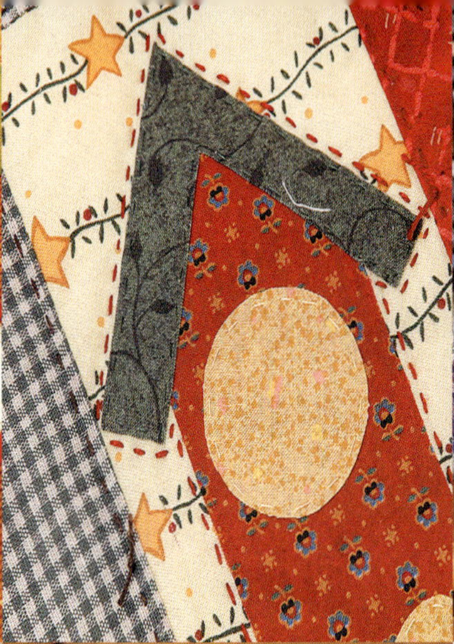
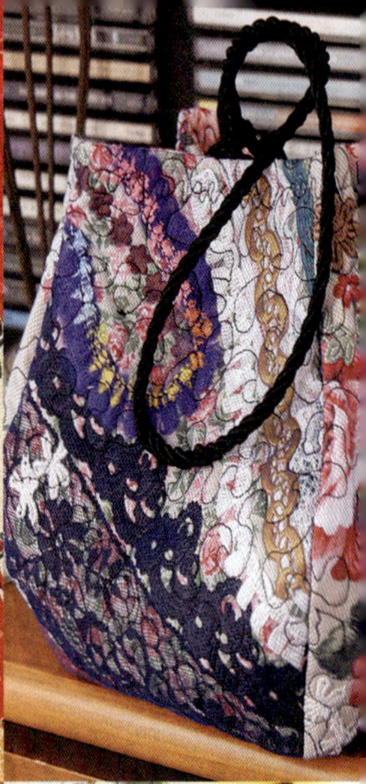
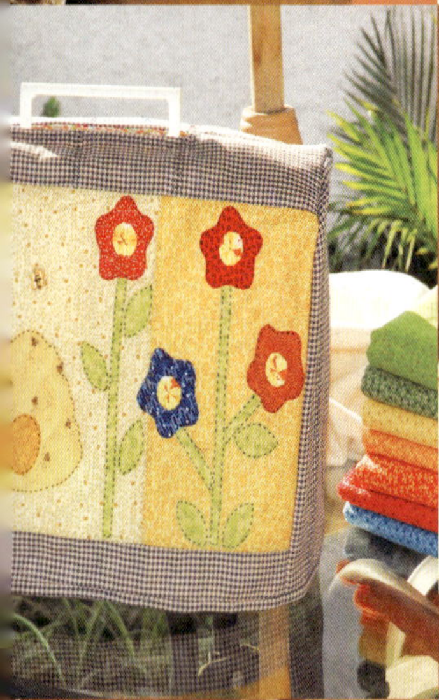
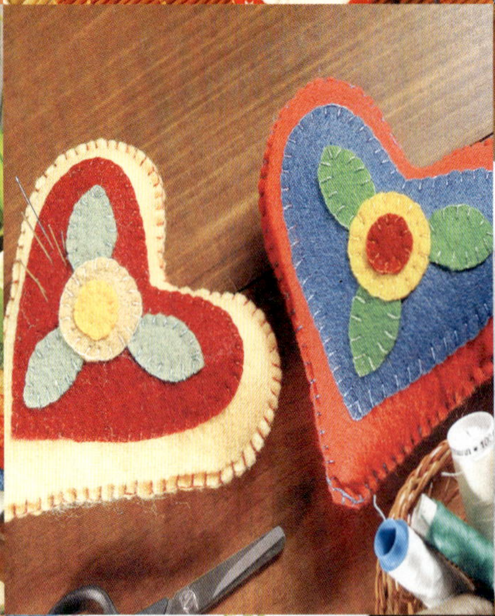
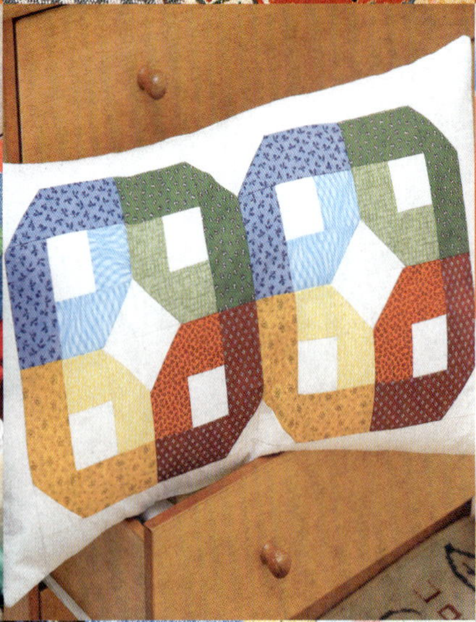
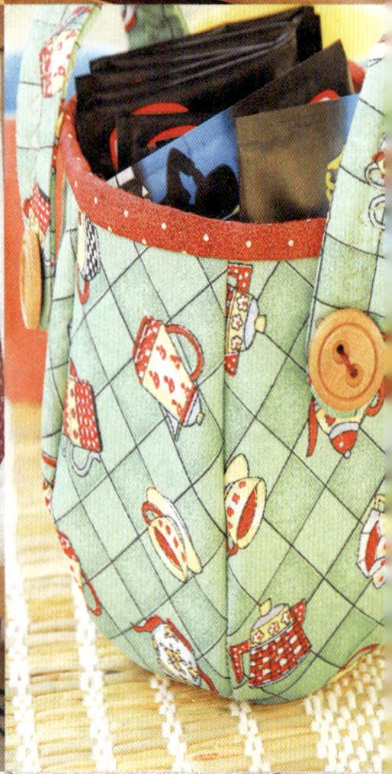
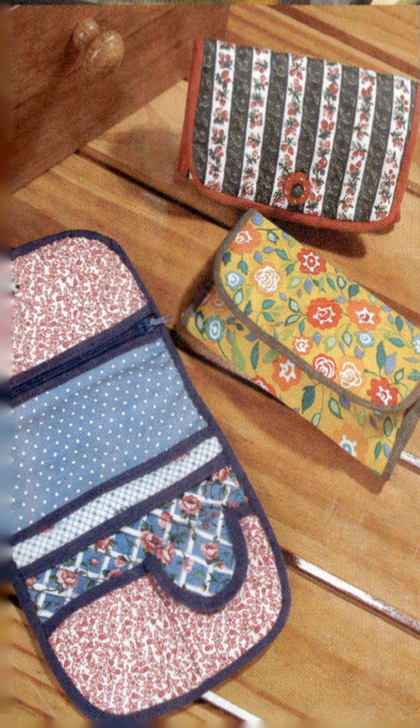
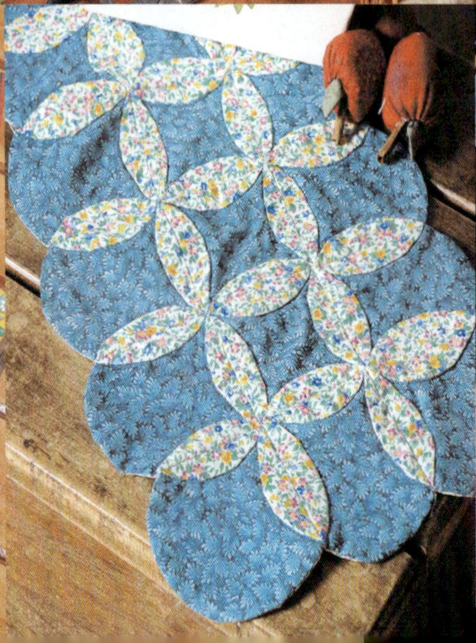
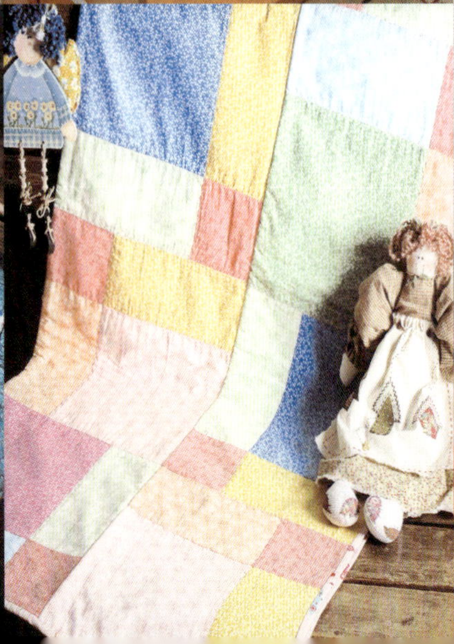
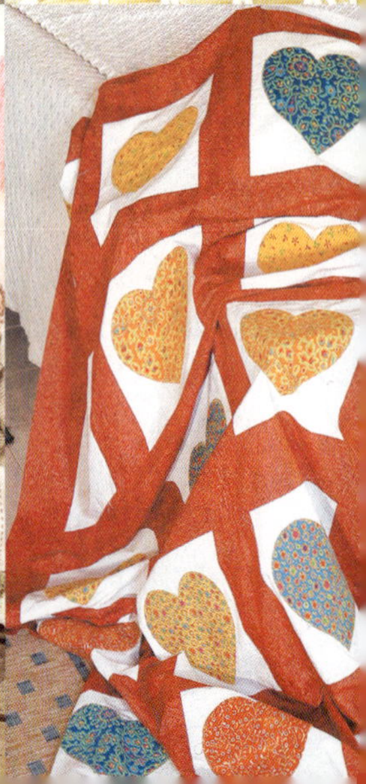

receitas
passo a passo

Alfineteiro especial

material

- ▼ Retalhos de feltro
- ▼ Linha para bordar nas cores do feltro que você irá usar
- ▼ Agulha de costura
- ▼ Agulha para bordar
- ▼ Molde
- ▼ Tesoura
- ▼ Alfinete
- ▼ Plumante
- ▼ Lápis para tecido

passo a passo

1. Com o auxílio do lápis, transfira o molde das partes do agulheiro para os feltros. Use cores diferentes ou contrastantes para deixar a peça realçada.

2. Recorte com a tesoura todas as partes. Para o coração maior, corte o molde 2 vezes no feltro.

3. Use o alfinete para prender as 3 folhas no coração menor.

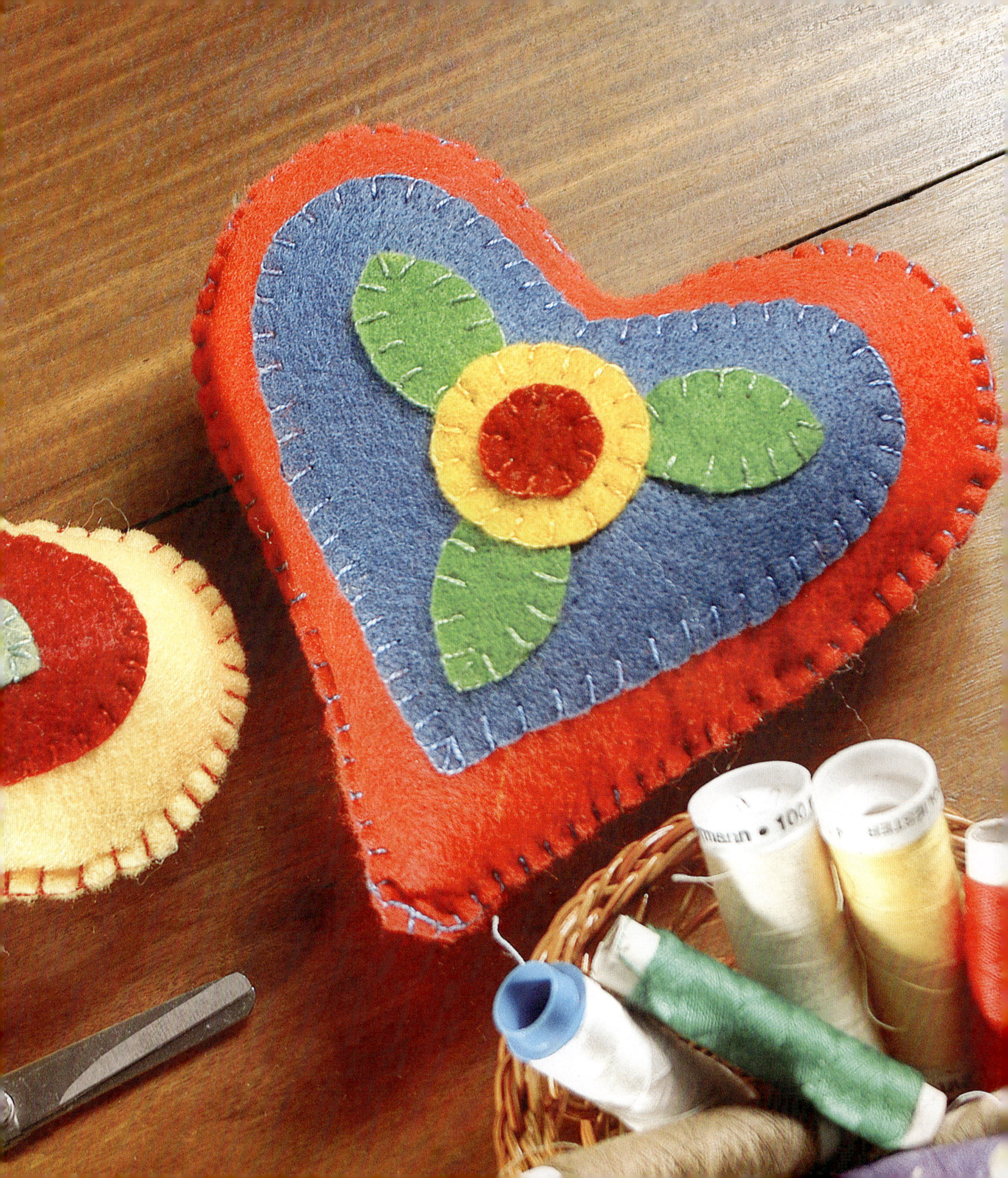

4. Com a agulha e linha para bordar na cor da folha, prenda as partes com o ponto caseado. Para fazê-lo, espete a agulha de trás para frente no tecido. Volte com a agulha para frente do trabalho e ao puxar a linha, leve a agulha para dentro da laçada, formando o ponto caseado a mão.

5. Utilize o mesmo ponto para prender o miolo amarelo.

6. Costure a parte amarela, já com o miolo aplicado, sobre as folhas. Centralize bem para que as pontinhas das folhas fiquem cobertas pelo miolo.

7. Depois de costurar as partes no coração menor, prenda-o ao maior com o ponto caseado.

8. Use o outro coração maior para fechar o alfineteiro. Para isso, use o ponto caseado com a linha para bordar na cor do coração ou outra cor que seja contrastante. Feche toda a volta e deixe uma pequena abertura.

9. Por esta abertura, recheie o alfineteiro com o plumante.

10. Termine de fechar o alfineteiro com o ponto caseado.

11. Confira outros modelos com cores diferentes de feltro. Aproveite os retalhos que você tem em sua casa e componha lindos conjuntos!

2 cm

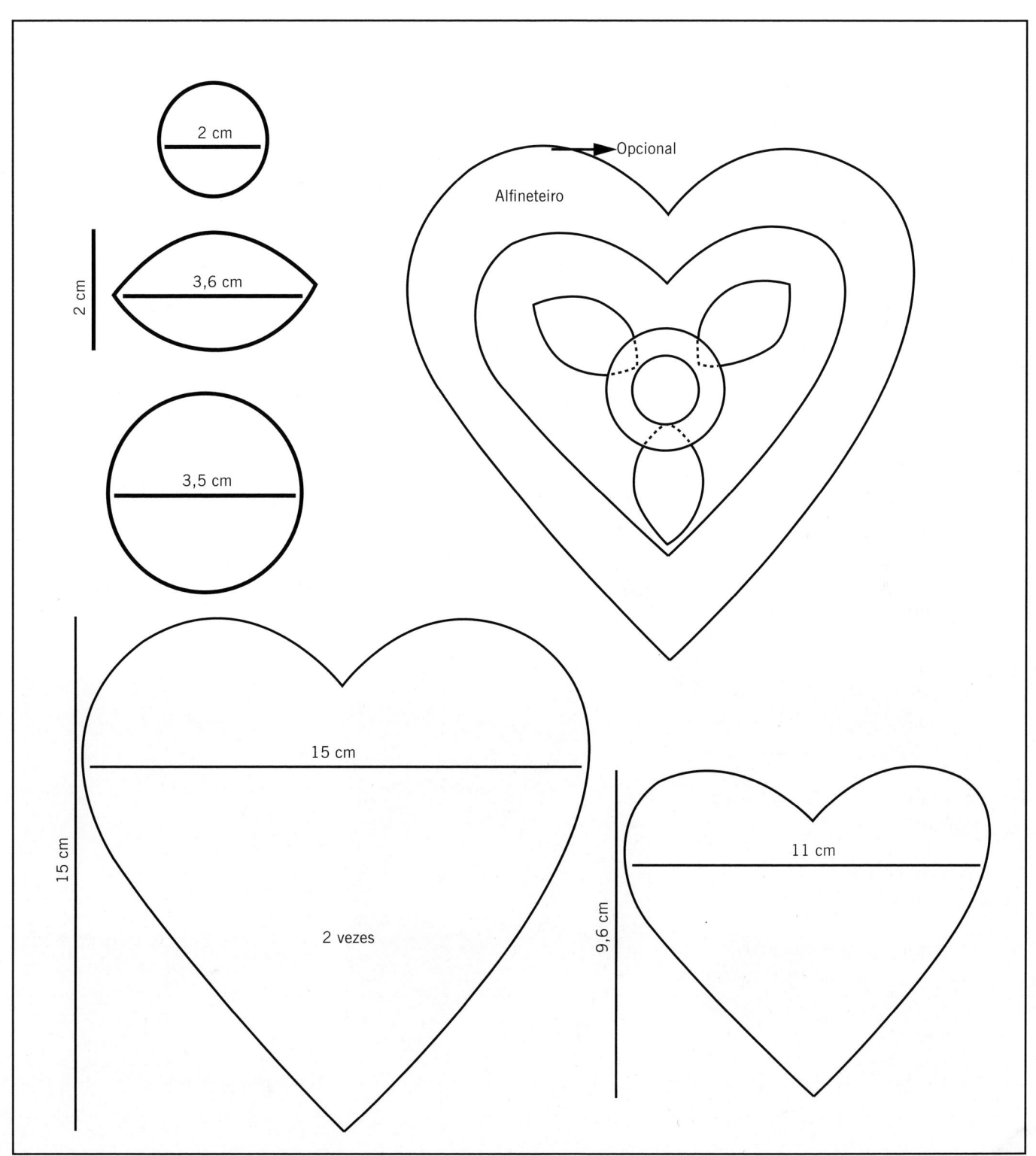

2 cm

3,6 cm

3,5 cm

Opcional

Alfineteiro

15 cm

15 cm

2 vezes

9,6 cm

11 cm

Porta-tesoura

material

▼ Material básico de patchwork
▼ Retalhos de tecido de algodão
▼ Retalhos de manta acrílica
▼ Retalhos de morim
▼ Botão decorativo pequeno

passo a passo

1. Após transferir o molde do quadrado para o papel cartão ou folha de acetato, use-o para riscar e cortar os retalhos de tecido. Para esta peça, use 9 quadrados.

2. Costure as peças entre si, formando 3 faixas de 3 quadrados cada.

3 e a. Costure as 3 faixas, formando um novo quadrado. Lembre-se de tombar as costuras para somente um lado.

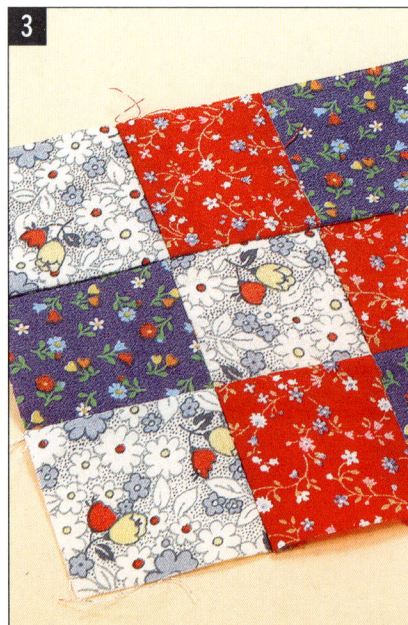

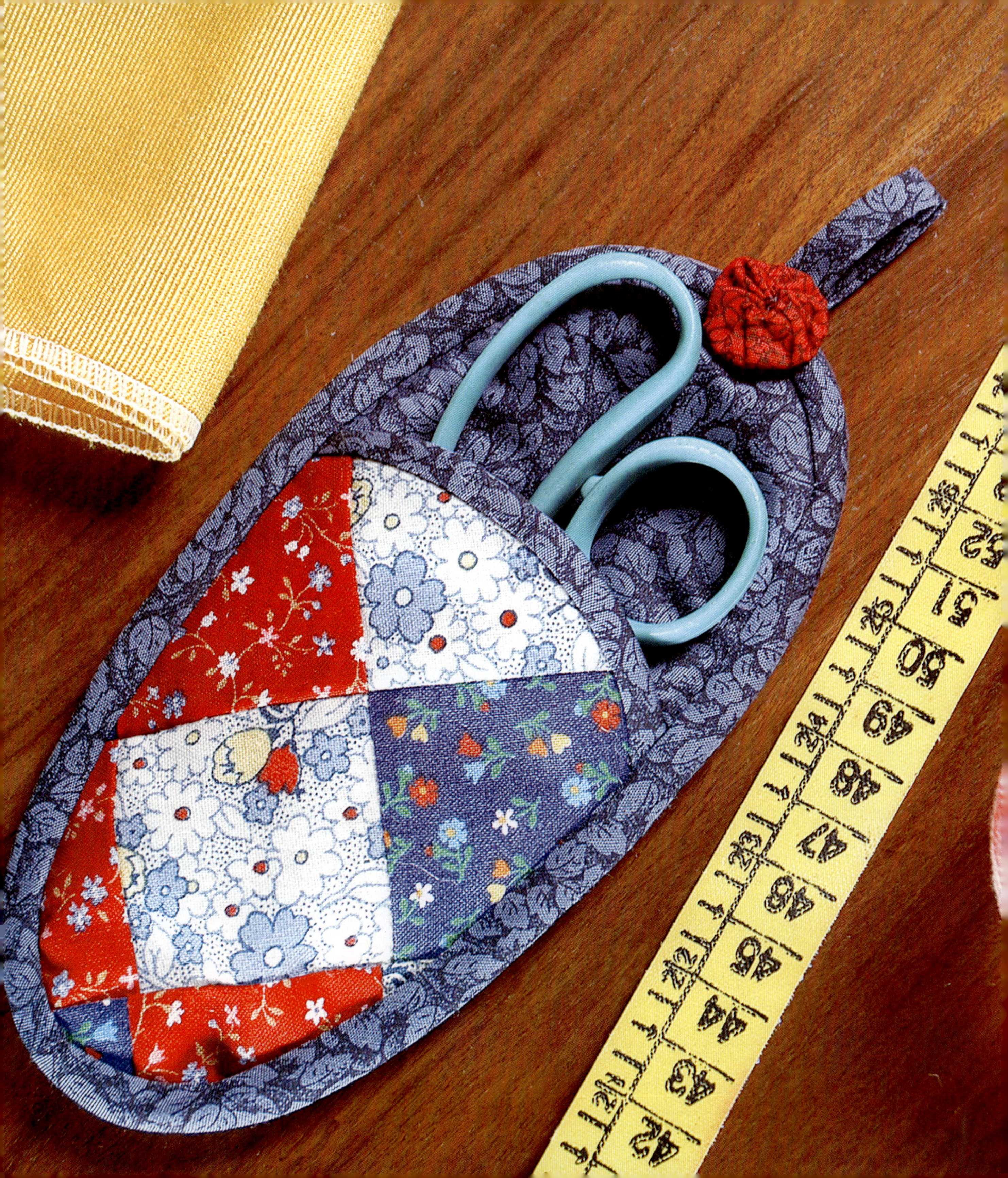
42
43
44
45
46
47
48
49
50
51
52

4. Transfira o molde menor do porta-tesoura para o quadrado de retalhos. Para isso, use o lápis de costura.

5. Com a tesoura, recorte a peça. Faça o mesmo procedimento com o morim e a manta acrílica.

6. Monte o sanduíche, colocando o morim, a manta e o patch.

7. Para o acabamento, corte uma tira enviesada de 3,5 cm e prenda na parte superior maior do organizador.

8. Em seguida, passe um pé de máquina onde foram colocados os alfinetes.

9. Tombe o viés para o outro lado sobre a costura e prenda-o com pontos invisíveis, usando a linha na mesma cor do tecido.

10. Transfira o molde maior do organizador, 1 vez na manta acrílica e 2 vezes no tecido de algodão.

11. Monte o sanduíche com a manta acrílica entre os 2 tecidos.

12. Agora, alfinete a parte menor sobre a maior, como mostra a foto.

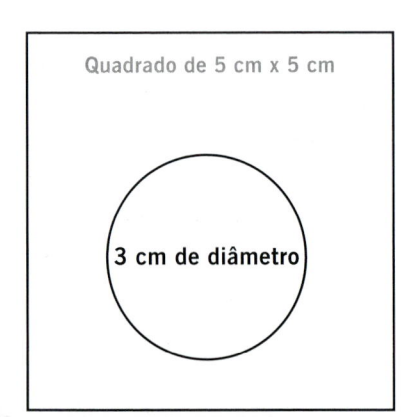

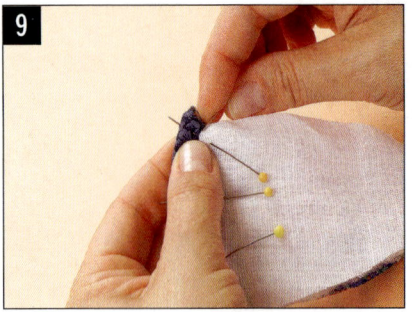

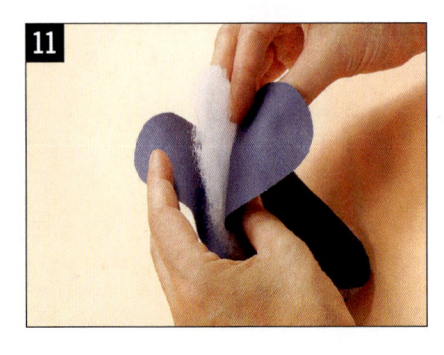

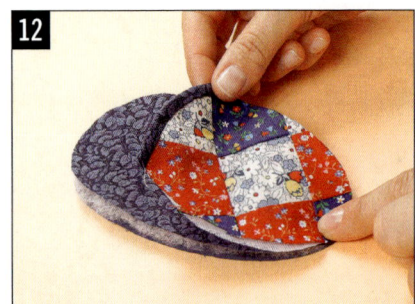

Quadrado de 5 cm x 5 cm

3 cm de diâmetro

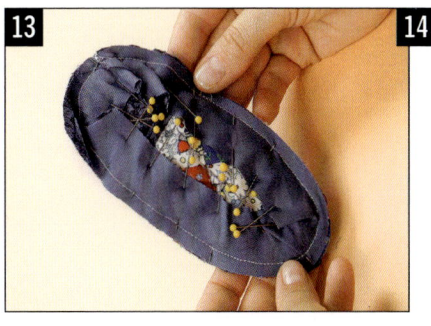

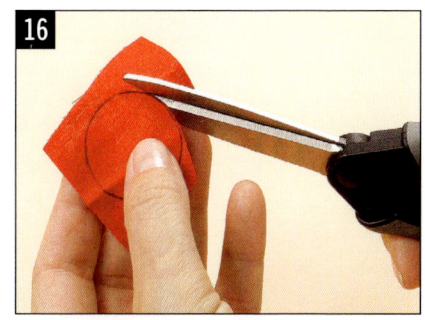

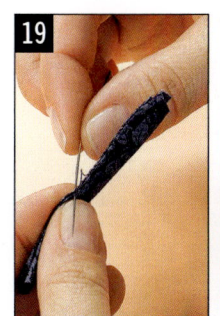

13. Corte novamente uma tira enviesada com 3,5 cm de largura e prenda-a com alfinete em toda a volta do trabalho. Passe um pé de máquina para costurar.

14. Em seguida, vire o viés para a parte detrás do trabalho.

15. Use alfinetes para prender o viés e costure-o com pontos invisíveis feitos a mão.

16. Enfeite a peça com o fuxico. Para isso, corte círculo de 3,5 cm de diâmetro.

17. Dobre as beiradas e alinhave toda a borda do círculo.

18. Coloque o dedo indicador no centro do fuxico e puxe a linha.

19. Corte uma pequena tira de um dos tecidos utilizados para fazer a alça. Dobre as laterais até o centro e costure com pontos invisíveis.

20. Prenda a alça, colocando o botão decorativo de um lado e o fuxico do outro. Costure com pontinhos de modo que una ao mesmo tempo todas as partes.

21. Este modelo permite que celulares pequenos também sejam guardados!

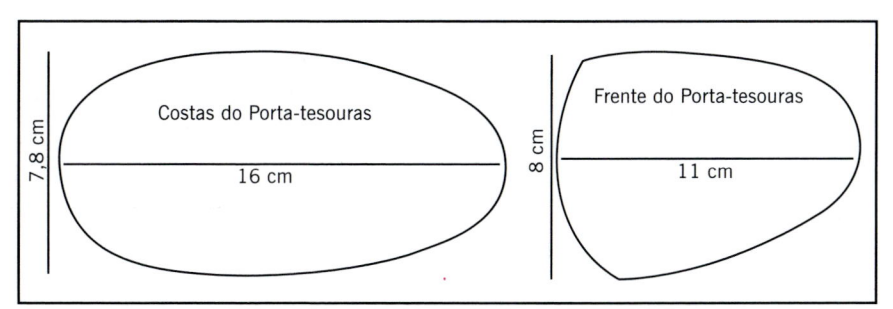

Costas do Porta-tesouras — 7,8 cm × 16 cm

Frente do Porta-tesouras — 8 cm × 11 cm

Travesseirinho infantil

material

▼ Material básico de patchwork
▼ 30 cm de tecido de algodão xadrez
▼ 30 cm de tecido de algodão para o forro
▼ 30 cm de manta acrílica
▼ Retalhos de tecidos de algodão
▼ Papel termocolante lite
▼ Botões decorativos

passo a passo

1. Comece a preparar o fundo da almofada, cortando o retalho amarelo no tamanho de 26 cm x 11 cm.

2. Corte o retalho vermelho no tamanho de 10 cm x 15 cm e o xadrez rosa, 13 cm x 10 cm.

3. Para as laterais menores, corte 2 faixas do xadrez de 5,5 cm x 19 cm. Para as laterais maiores, 2 faixas de 5,5 cm x 35 cm.

4. Agora, costure os 2 retângulos menores pelo lado menor.

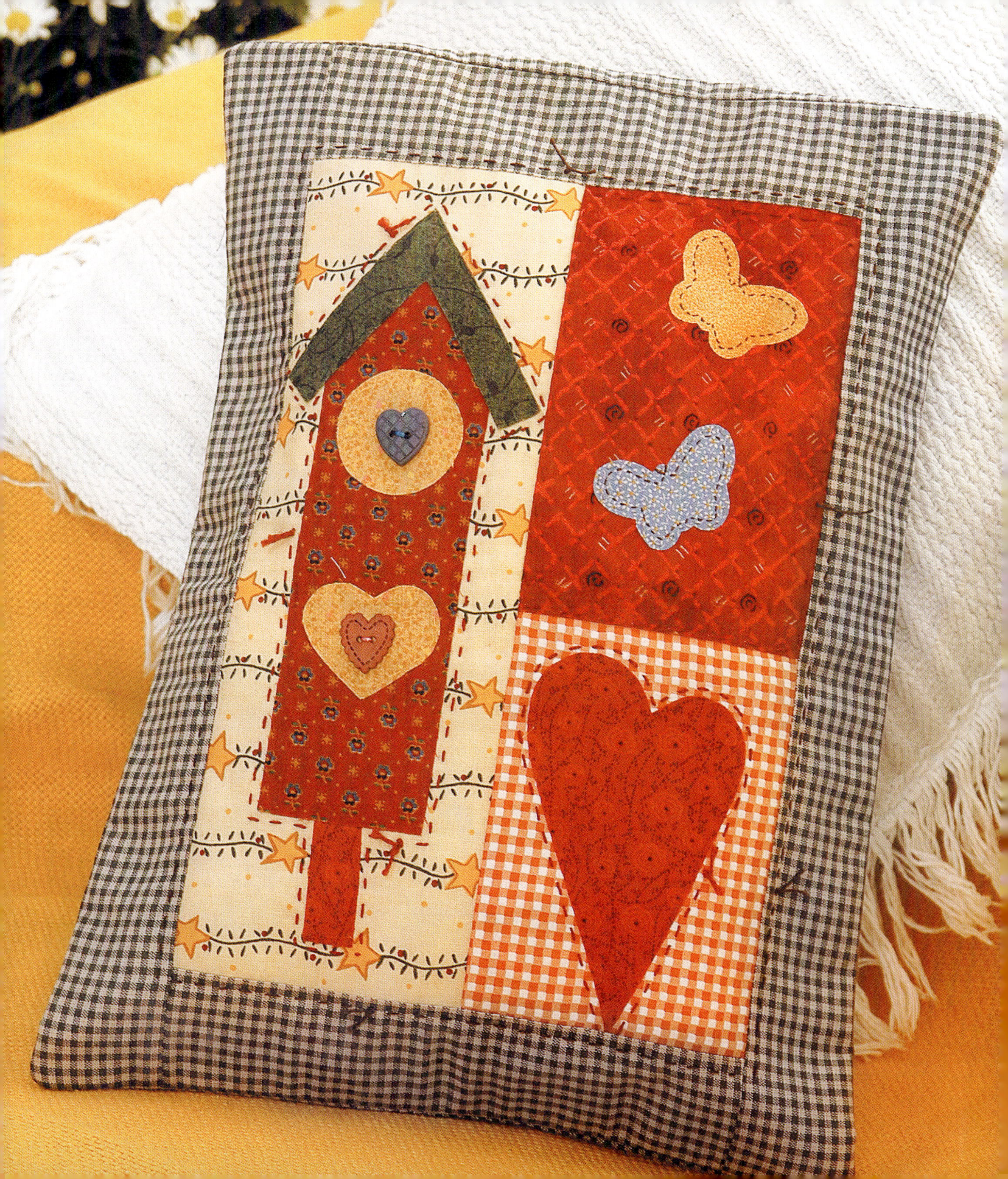

5. Coloque o lado direito do retângulo maior com o direito dos retângulos unidos e costure pela lateral maior.

6 e a. Passe a ferro para assentar o trabalho. Alfinete as faixas menores na parte superior e inferior. Costure.

7. Depois, costure as outras faixas nas laterais maiores.

8. Para fazer a casinha, as borboletas e o coração, cole pedaços de papel termocolante nos retalhos: coloque a parte rugosa no avesso do tecido e passe a ferro por alguns segundos para aderir.

9. Posicione o molde no papel e transfira o risco com o lápis.

10. Em seguida, recorte todas as peças.

11. Retire o papel protetor de todas as peças.

12. Coloque cada figura no retângulo correspondente e passe-os a ferro, por 5 segundos, para aderir.

13. Sempre que for usar o papel termocolante, deixe o ferro em temperatura baixa.

14. Após cortar a manta acrílica e o tecido do forro no tamanho de 29 cm x 37 cm, monte o sanduíche na seguinte ordem: forro, manta e o trabalho (virado para cima).

15. Alinhave o trabalho. Pela peça ser pequena, você pode apenas alfinetá-la.

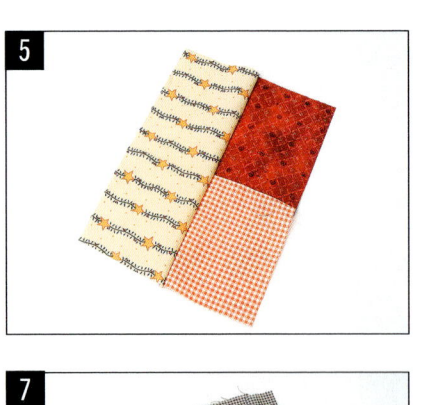

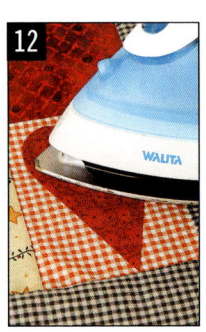

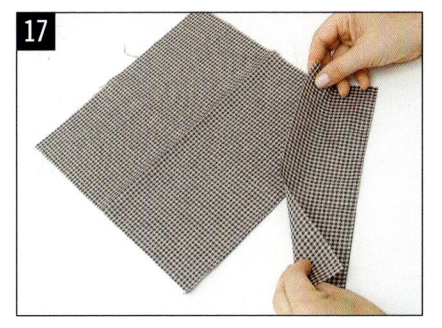

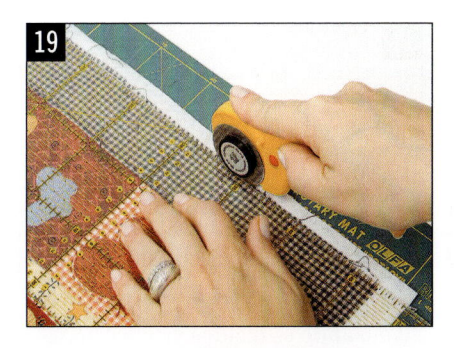

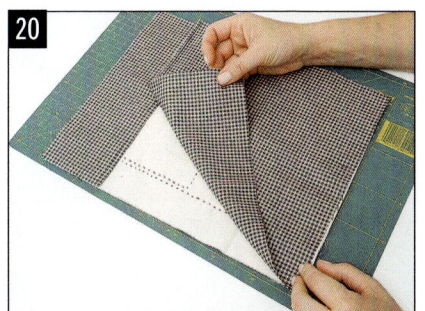

16 e a. Com a linha para bordar contrastante a cada tecido utilizado, pesponte a volta de todos os desenhos e moldura. Nas borboletas, use a linha de costura.

17. Para as costas da almofada, corte o tecido xadrez em 2 tamanhos: 30 cm x 27 cm e 10 cm x 27 cm.

18. Nas laterais maiores dos 2 retângulos, faça um dobra de acabamento e costure.

19. Volte a trabalhar com a frente e acerte todos os lados, cortando o excesso de manta e forro.

20. Sobre o trabalho, posicione os retângulos xadrezes. O menor na parte superior e o maior na parte inferior.

21. Costure toda a volta, reforce com o ponto zigue-zague e pela abertura do envelope, desvire a peça.

22. Incremente os detalhes, costurando os botões na casinha.

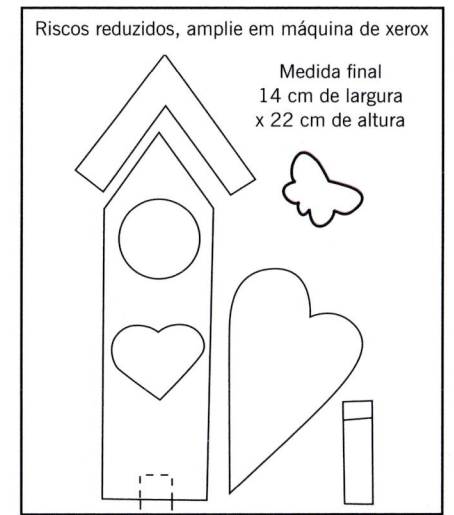

Riscos reduzidos, amplie em máquina de xerox

Medida final
14 cm de largura
x 22 cm de altura

Capa para celular

material

- Material básico de patchwork
- 30 cm de tecido de algodão estampado
- 30 cm de flanela
- 1 par de colchetes
- Escovão (de roupa)

passo a passo

1. Corte a medida de 20 cm x 30 cm 2 vezes no tecido de algodão e 1 vez na flanela. Monte o sanduíche, colocando os tecidos virados para cima entre a flanela.

2. Posicione os moldes da capa sobre o sanduíche e transfira o risco.

3. Utilize a tesoura para recortar as peças.

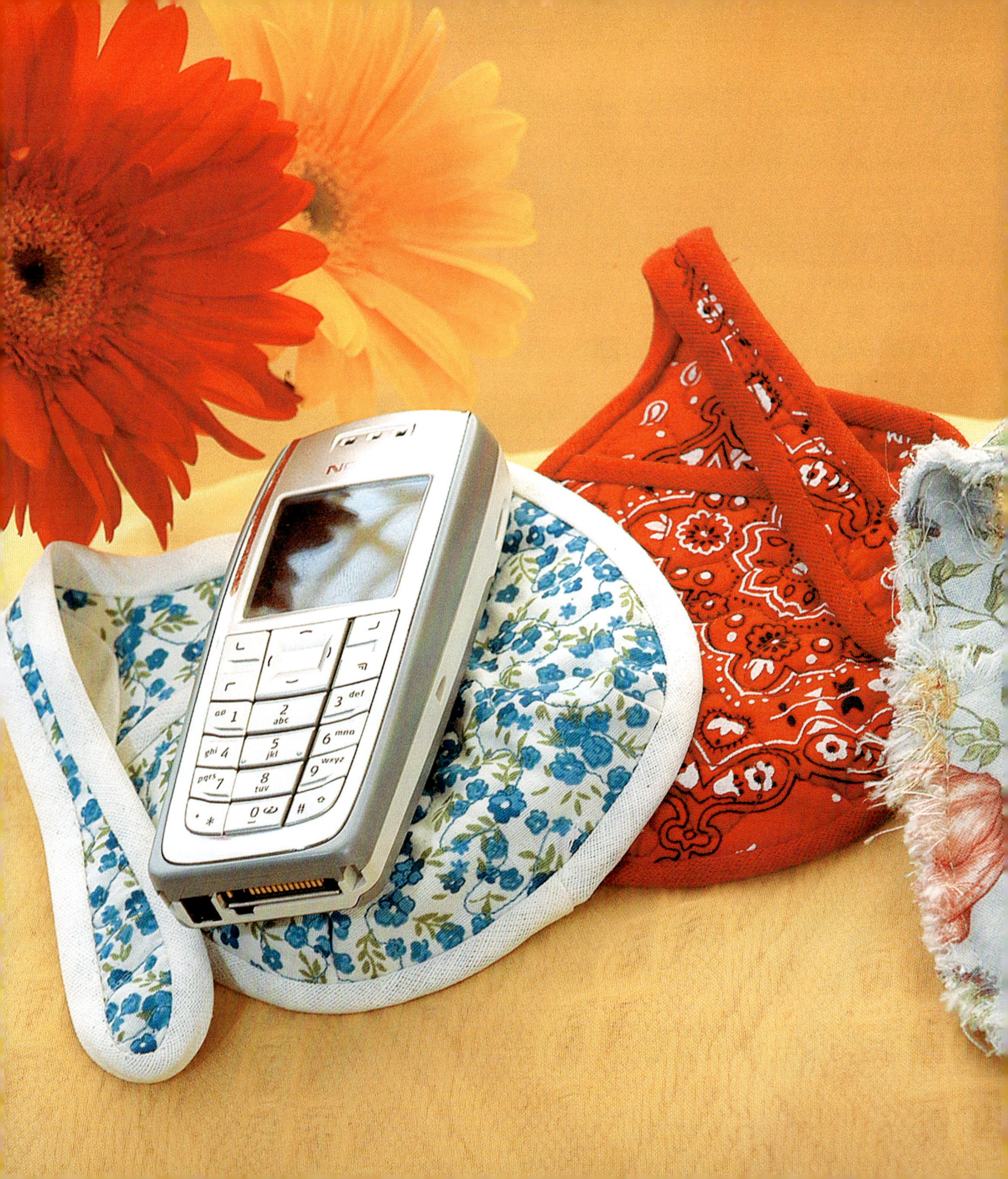
1
2 abc
3 def
ghi 4
5 jkl
6 mno
pqrs 7
8 tuv
9 wxyz
0

4 e a. Seguindo a indicação do molde, faça duas pences na frente do bolso. Para isso, dobre o tecido sobre as marcas e costure.

5. Coloque o bolso com as pences viradas para baixo sobre a base da peça e costure ao redor.

6. Com a tesoura de ponta curta, picote toda a borda da peça. Cuidado para não ultrapassar a costura.

7 e a. Esfregue o escovão em toda a borda da peça para desfiar o tecido.

8. Prenda o colchete na alça e base da capa do celular com linha e agulha.

9 e a. Faça outros modelos utilizando cores diferentes. Você também tem a opção de prender o viés ao redor.

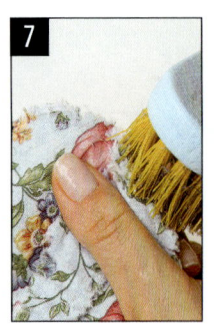

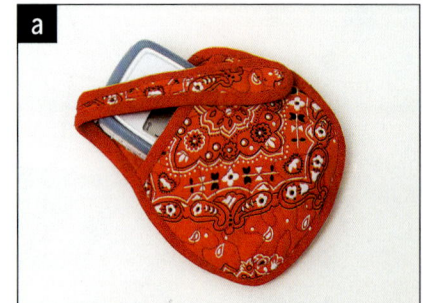

Parte 2

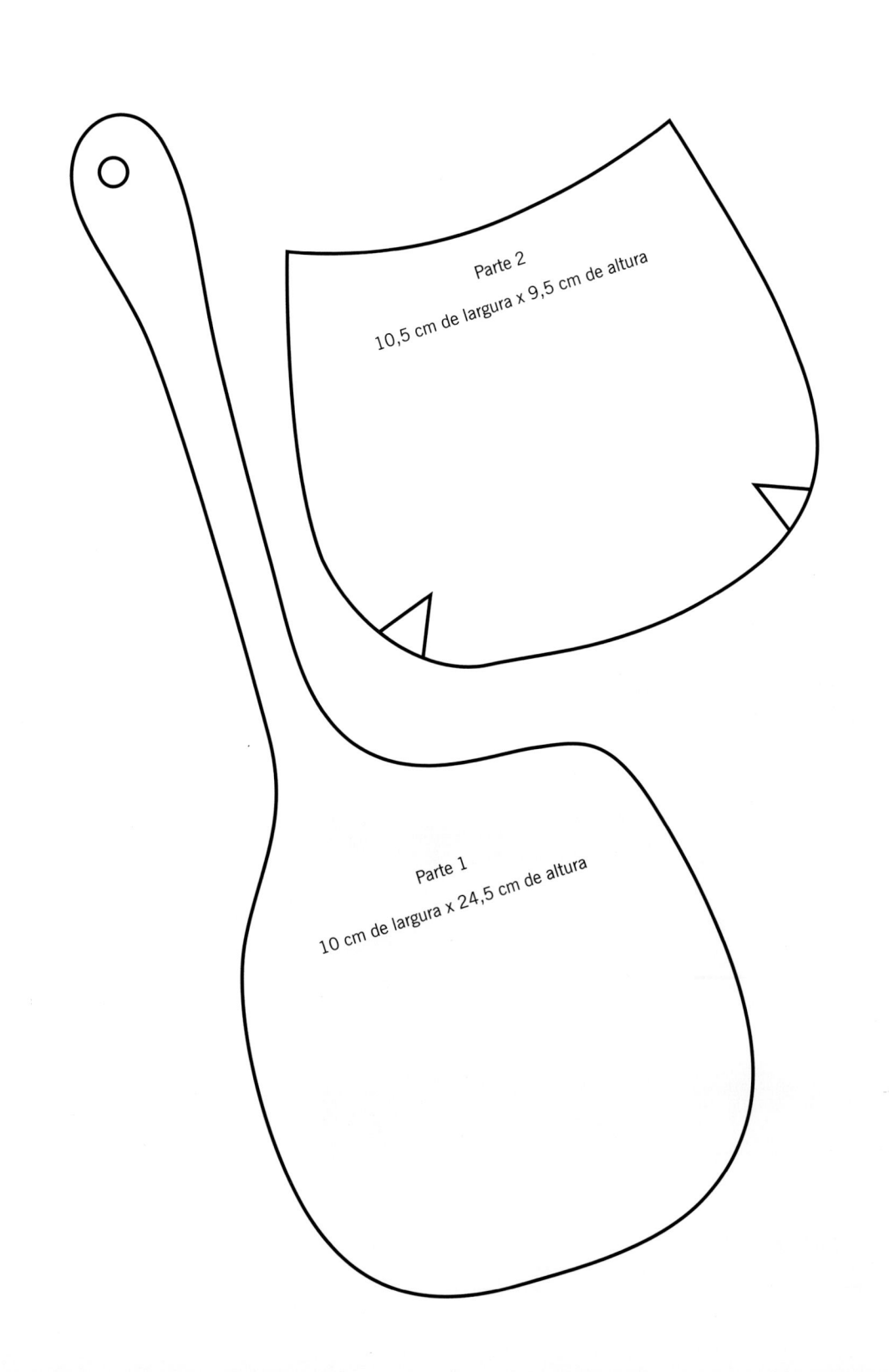

10,5 cm de largura x 9,5 cm de altura

Parte 1

10 cm de largura x 24,5 cm de altura

Ecobag multiuso

material

- Material básico de patchwork
- Pires pequeno
- 80 cm de lonita ou sarja
- 50 cm de morim
- 50 cm de tecido de algodão xadrez
- 50 cm de manta acrílica
- 6 cm de tecido de algodão nas cores: vermelho, marrom e amarelo
- 50 cm de tecido de algodão cru
- 2,80 m de alça de algodão com 3 cm de largura

passo a passo

1. Para fazer a bolsa, corte a lonita 2 vezes no tamanho de 44 cm x 37 cm.

2. Risque um quadrado de 4 cm de lado nos 2 lados inferiores de cada retângulo.

3. Posicione o pires entre as 2 marcas de cada canto e risque para deixá-los arredondados.

4. Em seguida, corte com a tesoura.

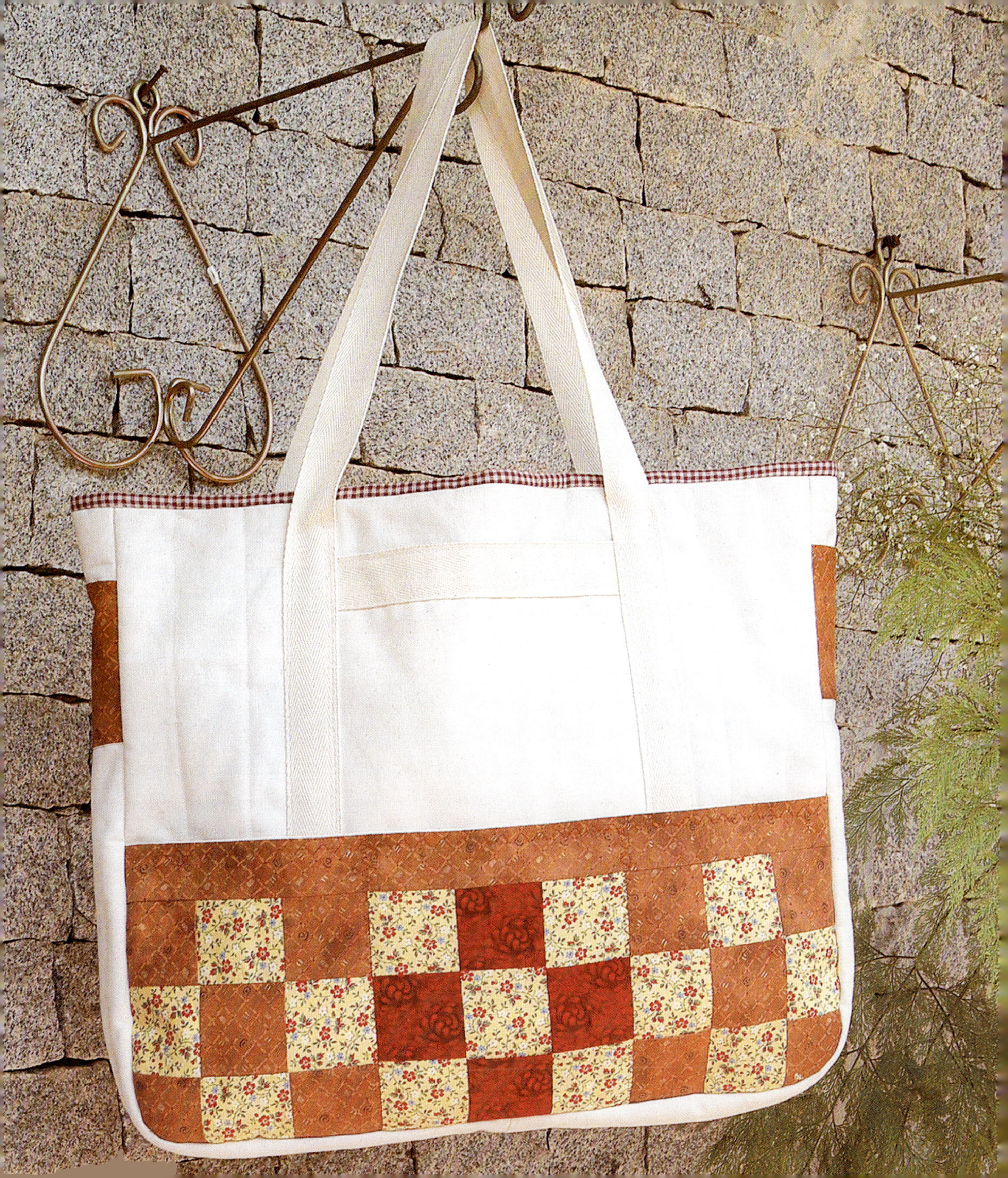

5. Para fazer o bolso, corte 18 cm x 20 cm na lonita e no algodão cru.

6. No lado superior do bolso, alfinete a alça de algodão cortada no mesmo comprimento e costure, unindo os 2 tecidos.

7. Volte a trabalhar com a frente da bolsa e marque 4 cm a partir da parte superior.

8. Em seguida, marque 12 cm das laterais para o centro.

9. Posicione o bolso sobre a risca com a alça de algodão virada para cima. Prenda com alfinetes.

10. Monte o sanduíche com o morim, a manta (cortadas com 45 cm x 38 cm) e a lonita.

11. Agora, faça uma costura pelo lado inferior do bolso.

12. Use 1,30m de alça de algodão e prenda-o na bolsa, tendo como guia as extremidades do bolso para formar a alça.

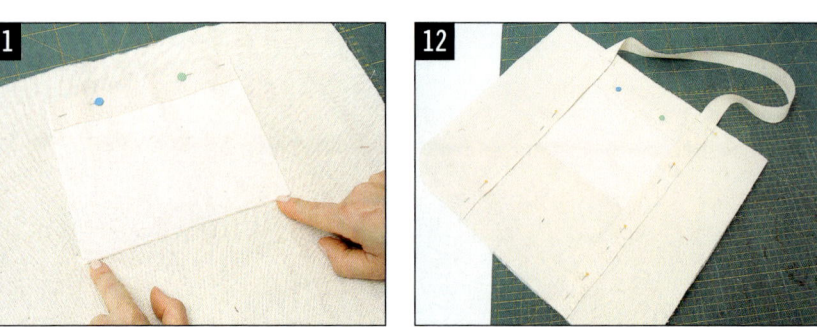

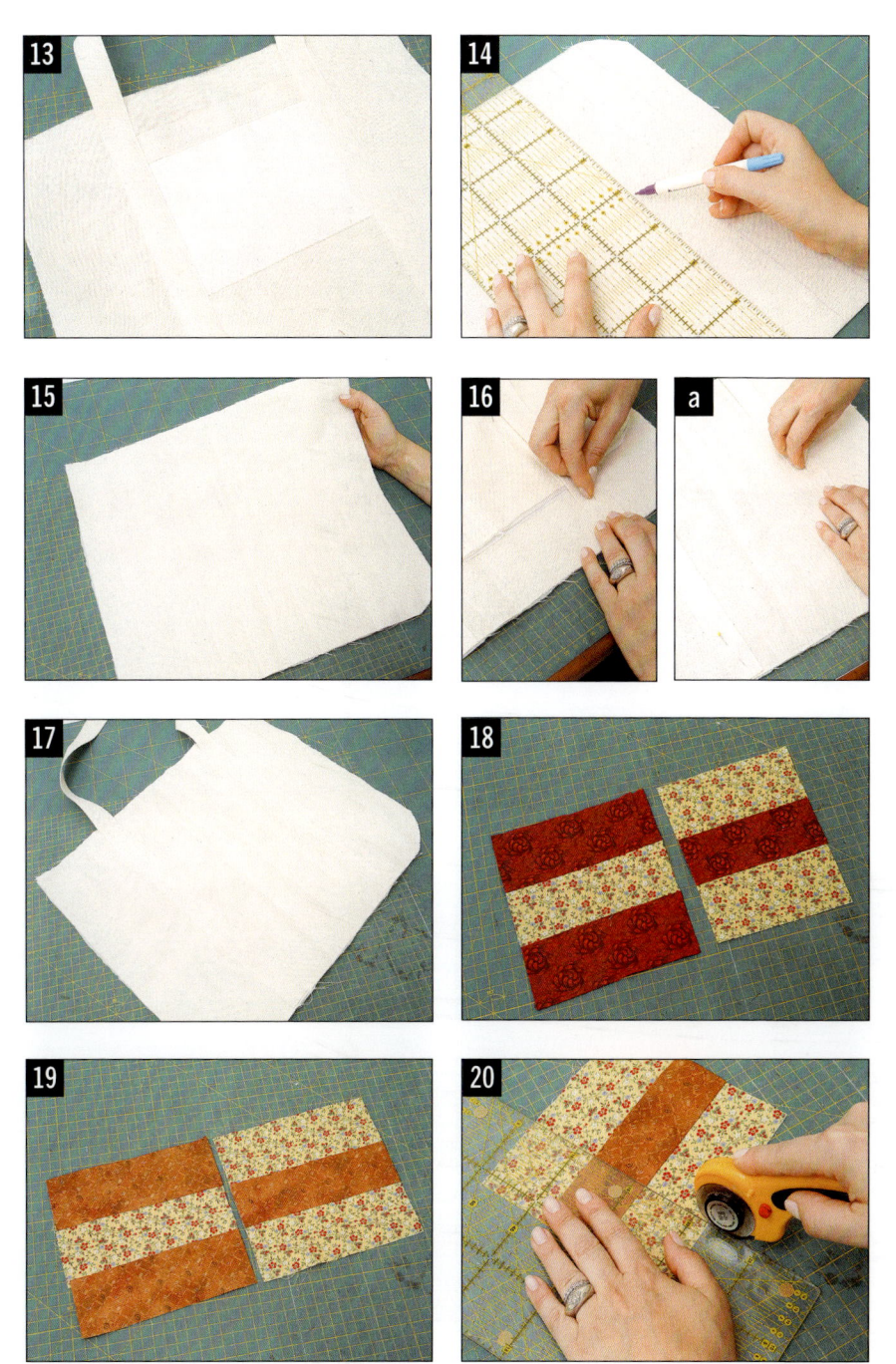

13. Em cada extremidade da alça de algodão, faça a costura.

14. Pegue a outra lonita para fazer as costas da bolsa e marque riscos na vertical a cada 4 cm. Arredonde os cantos como foi feito anteriormente.

15. Monte o sanduíche com o morim, a manta e as costas da bolsa. Costure sobre os riscos.

16 e a. Posicione a frente da bolsa sobre as costas para saber onde será pregada a alça de algodão de 1,30 m e prenda com alfinetes.

17. Faça a costura nas 2 extremidades da alça e, na parte superior, deixe folga de 1 cm de comprimento.

18. Faça os bolsos inferiores, cortando os tecidos amarelo e vermelho em faixas de 6 cm de largura. Com eles monte 2 blocos: a faixa vermelha entre as amarelas e a amarela entre as vermelhas.

19. Costure também a faixa marrom entre as amarelas e a faixa amarela entre as marrons.

20. Com o auxílio do cortador circular e a régua, corte todos os blocos em faixas de 6 cm de largura.

21. Monte um novo bloco com 3 tiras em tons de bege, intercalando as cores.

22. Prenda uma faixa na outra, encaixando as costuras.

23 e a. Faça o mesmo para costurar a terceira faixa. Procure tombar a costura para o lado mais escuro. Repita o procedimento para fazer mais um bloco em tom de bege e um bloco com o vermelho.

24. Agora, una os blocos, deixando o vermelho no centro e, na parte superior, costure uma faixa de 44 cm x 4,5 cm.

25. Corte 44 cm x 17 cm do forro e costure seu avesso com o avesso do bolso.

26. Alfinete o bolso na parte inferior da frente da bolsa. Costure na parte superior e na divisão dos três blocos com o ponto decorativo da máquina.

27, a e b. Para os bolsos das laterais, corte o tecido marrom e o algodão cru 2 vezes de 7 cm x 10 cm. Coloque-os direito com direito, costure as duas laterais maiores e desvire.

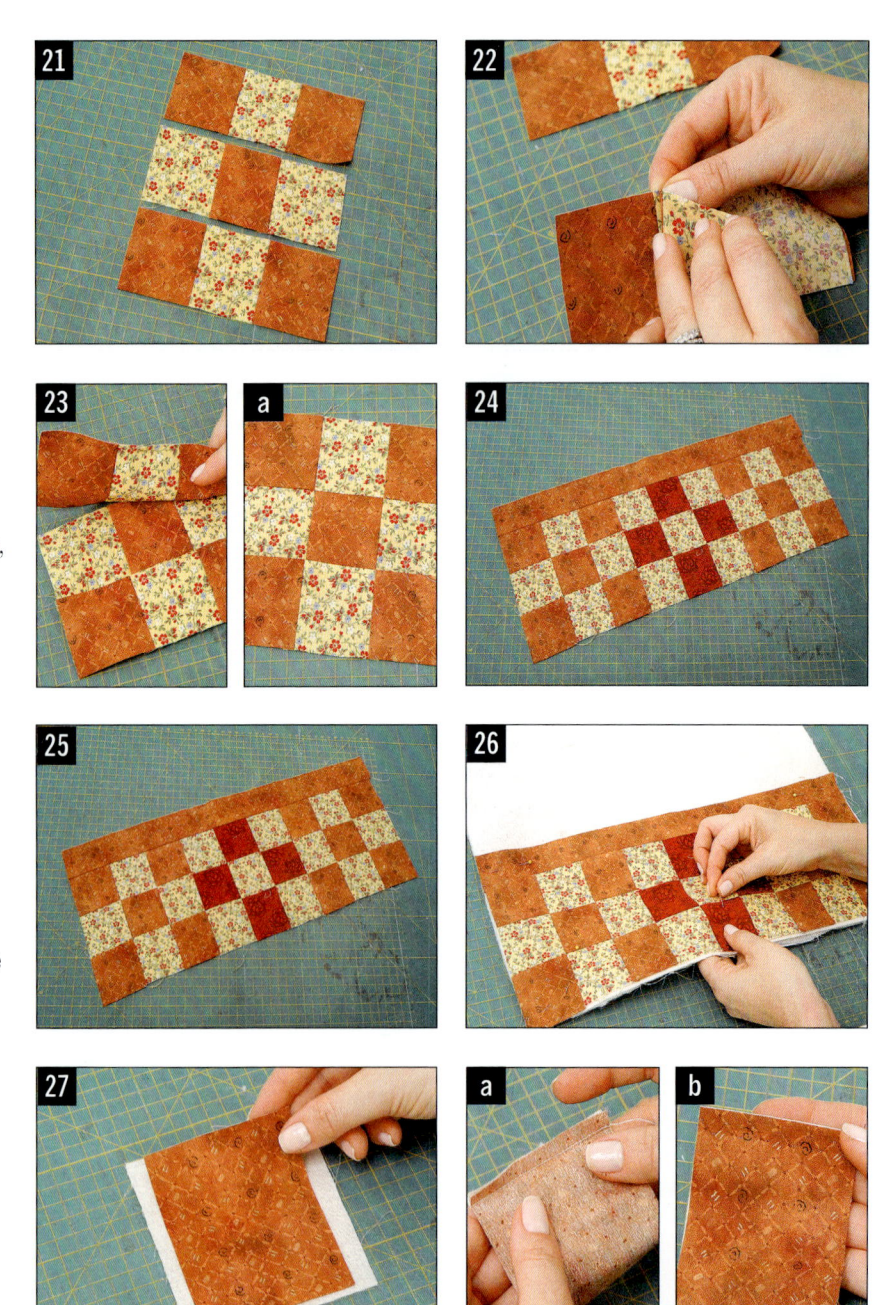

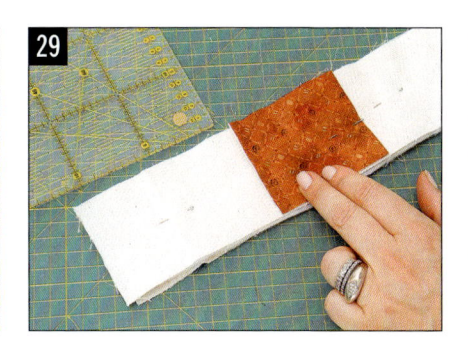

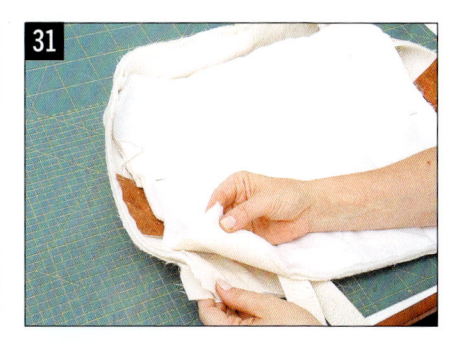

28. Para as laterais, corte o algodão cru, a manta e a lonita em uma faixa de 1,20 m x 7 cm. Monte o sanduíche nesta ordem.

29. A partir da extremidade da faixa, marque 11 cm de distância e alfinete o bolso. Faça o mesmo na outra extremidade.

30 e a. Alfinete o lado direito da faixa com o direito das costas da bolsa.

31. Alfinete a frente da bolsa com o outro lado da faixa. Costure.

32 e a. Para fazer o forro, corte o tecido xadrez 2 vezes com 44 cm x 37 cm. Arredonde os cantos e prenda um bolso de 40 cm x 18 cm centralizado em cada parte do forro e costure-o ao meio. Prenda a faixa da lateral de 1,20 m x 7 cm para unir as 2 partes do forro e costure.

33. Para continuar o trabalho, vire o forro para o avesso.

34. Insira o forro por dentro da bolsa e em toda a borda prenda uma faixa de acabamento de 5,5 cm x 86 cm dobrada ao meio para unir todas as partes.

35. Vire a faixa para o outro lado e feche com pequenos pontos à mão.

Bolsa bandana

material

▼ Material básico de patchwork
▼ 90 cm de tecido de algodão verde
▼ 90 cm de tecido de algodão xadrez
▼ 3 tecidos diferentes com 10 cm cada, para o bolso

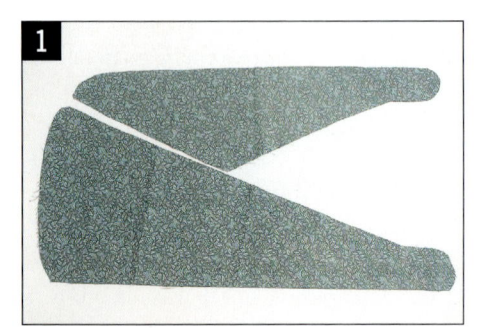

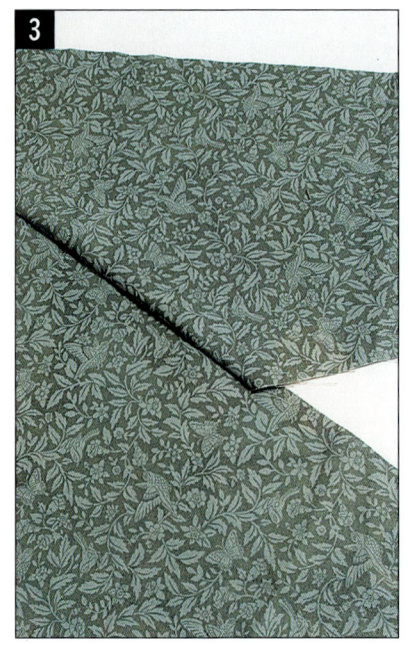

passo a passo

1. Com auxílio do lápis de costura, transfira o molde da bolsa 4 vezes no tecido verde e 4 vezes no tecido xadrez.

2. Utilize alfinetes para prender as 2 partes do tecido verde pelo recorte da diagonal. Lembre-se de colocá-los direito com direito.

3. Passe a costura para unir as partes. Repita o procedimento com as outras 2 partes do tecido verde e com as 4 do tecido xadrez.

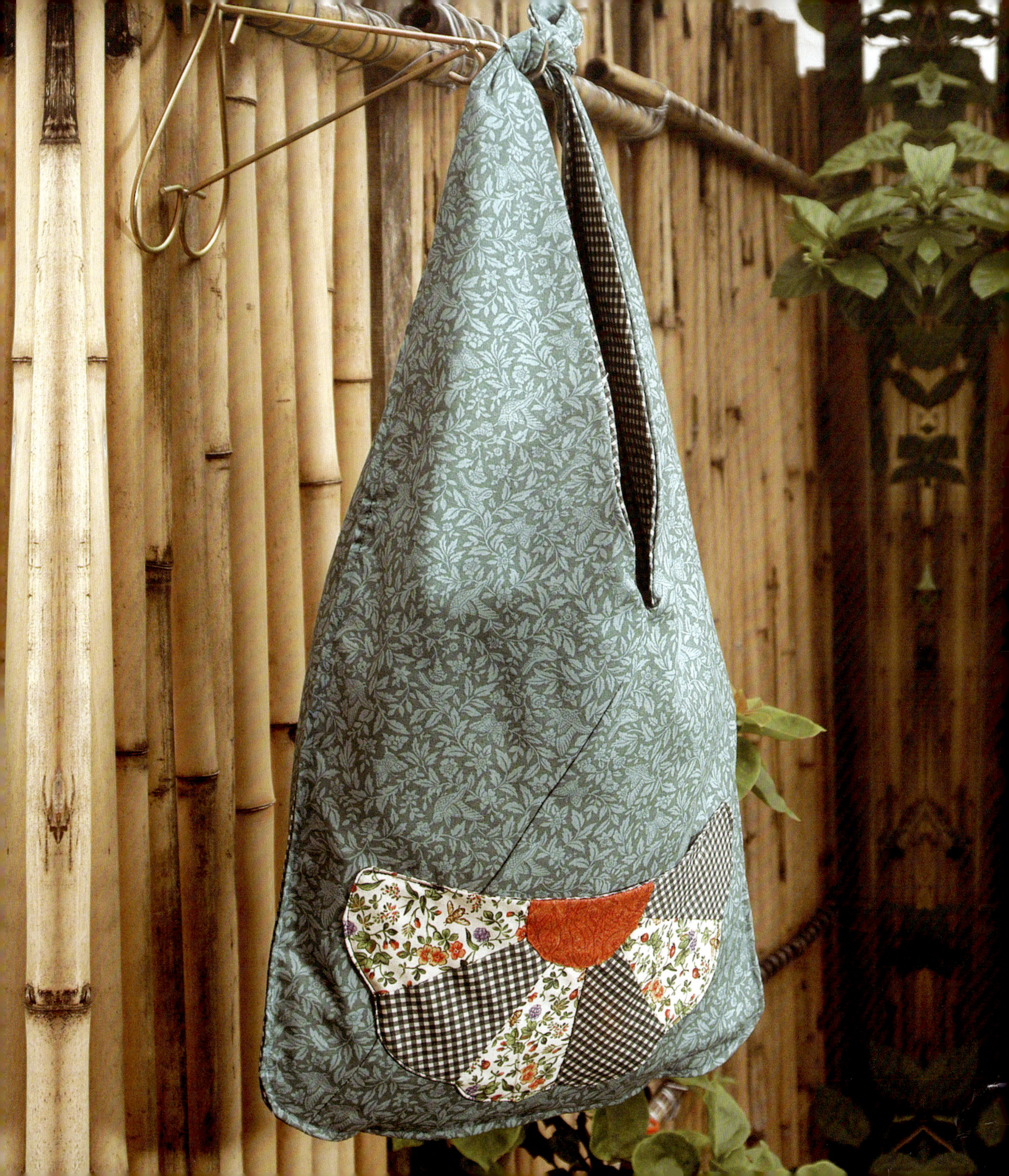

4. Agora, coloque o direito de uma das peças do tecido verde com o direito do tecido xadrez e passe uma costura com um pé de máquina em toda a volta, deixando uma pequena abertura para virar. O mesmo deve ser feito com as outras partes.

5. Em seguida, desvire as peças, fechando a abertura com pequenos pontos à mão.

6. Para fazer o bolso, transfira o molde com formato de pétala nas sobras de tecido. Recorte 3 partes em um tecido, 3 em outra e uma vez o círculo.

7. Costure as pétalas, direito com direito, intercalando as estampas.

8. Para prender o círculo, dobre-o ao meio e prenda na parte circular formada pela costura das pétalas. Depois, passe a costura – com pontos à mão ou na máquina – ao redor deste.

9. Use o cortador sobre a base para cortar o tecido xadrez no tamanho de 26 cm x 15 cm para formar o forro do bolso. Coloque seu direito com o direito do trabalho do bolso e prenda com alfinetes.

10. Passe a costura em toda a volta e deixe uma pequena abertura para virar a peça posteriormente. Em seguida, utilize a tesoura para eliminar o excesso de tecido xadrez.

11. Vire o bolso para o direito e feche a abertura com pequenos pontos à mão.

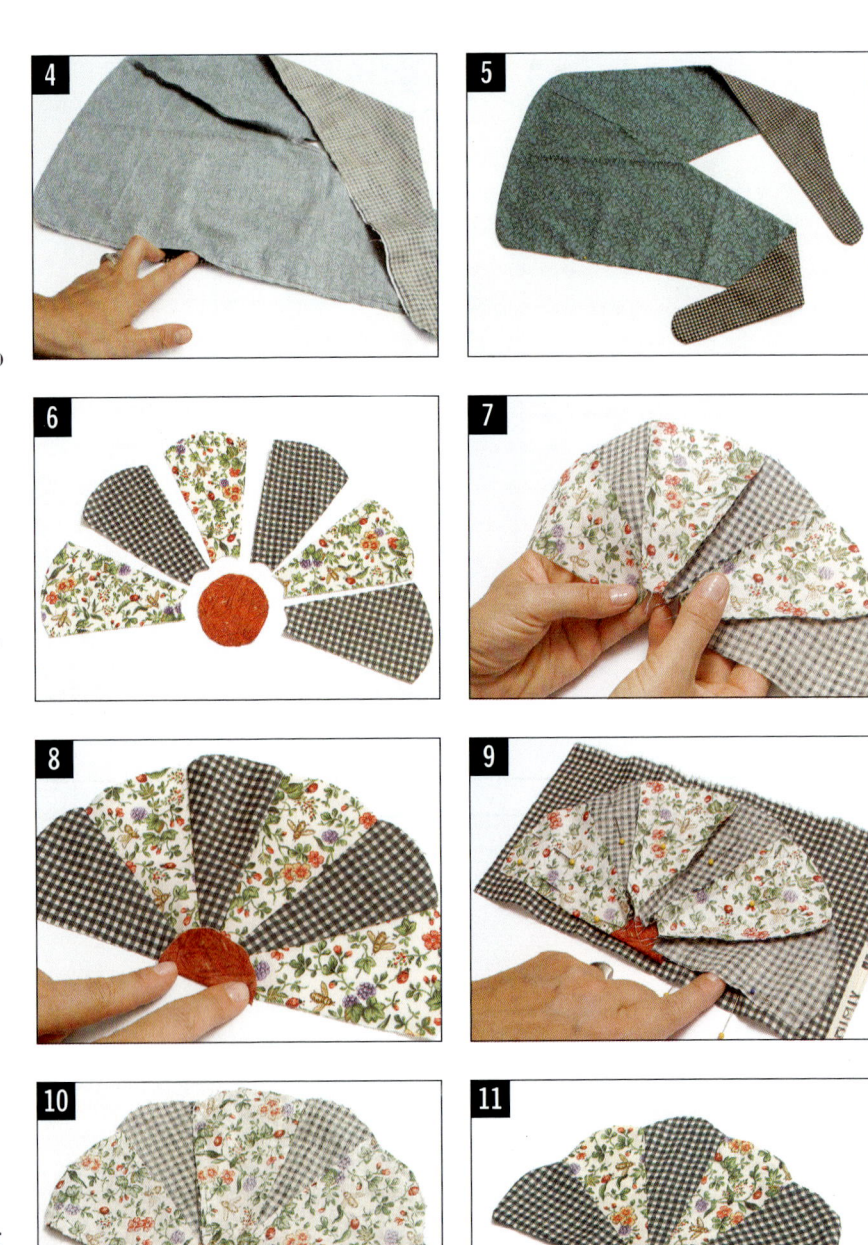

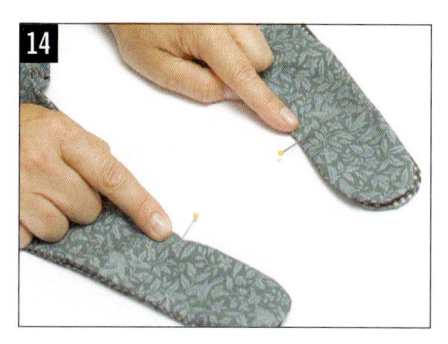

12. Escolha uma das partes da bolsa, centralize o bolso no lado inferior e costure-o com pequenos pontos à mão ou à máquina. Esta será a frente da bolsa.

13. Una a frente e costas da bolsa sobrepondo estas 2 peças e mantendo os lados direitos para fora.

14. Seguindo a indicação do molde, passe uma costura do ponto A ao B com um pé de máquina de largura.

15 e a. Com este procedimento, a bolsa terá a abertura necessária e acabamento perfeito.

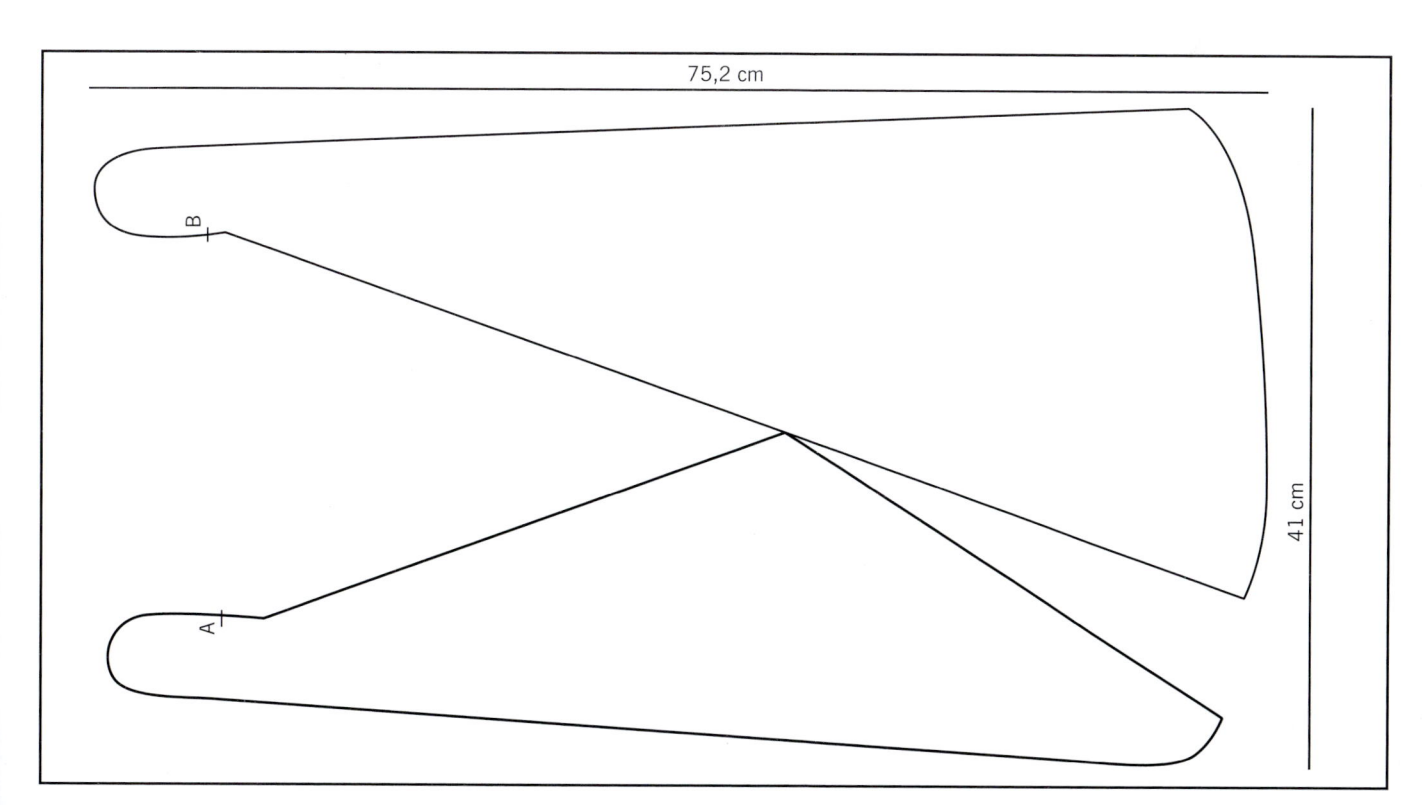

75,2 cm

41 cm

Carteira colorida

material

- Material básico de patchwork
- 20 cm de tecido algodão estampado para a parte externa da carteira
- Zíper de 15 cm
- 2 pares de colchetes
- 2 m de viés com 1 cm de largura
- 20 cm de manta acrílica
- 15 cm de tecido de algodão de 3 cores diferentes

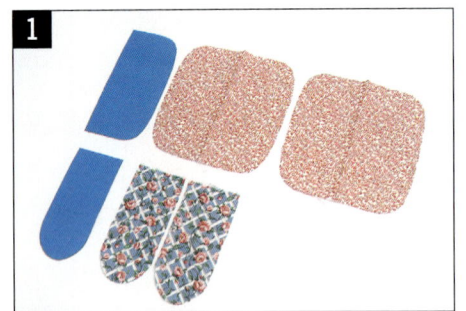

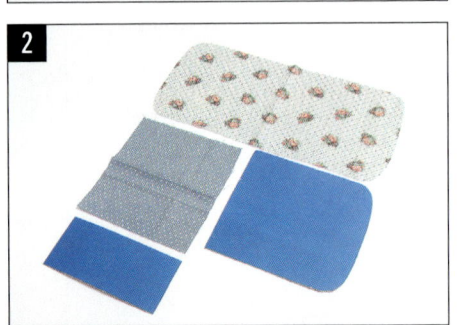

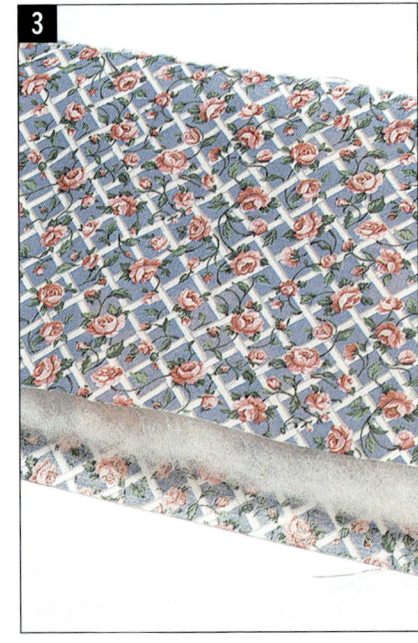

passo a passo

1. Para iniciar, transfira 2 vezes os moldes 1 e 2 (pág. 48) para o tecido com estampas e cores diferentes, porém que combinem entre si.

2. Ao transferir o molde 3 (pág. 49), coloque a dobra do tecido na parte pontilhada. Para o molde 4 (pág. 48), que será o bolsinho da carteira, repita o mesmo procedimento.

3. Para a frente da peça, corte 2 vezes o tecido estampado em um tamanho um pouco maior que o molde 5 (pág. 49) e monte um sanduíche com a manta acrílica no meio.

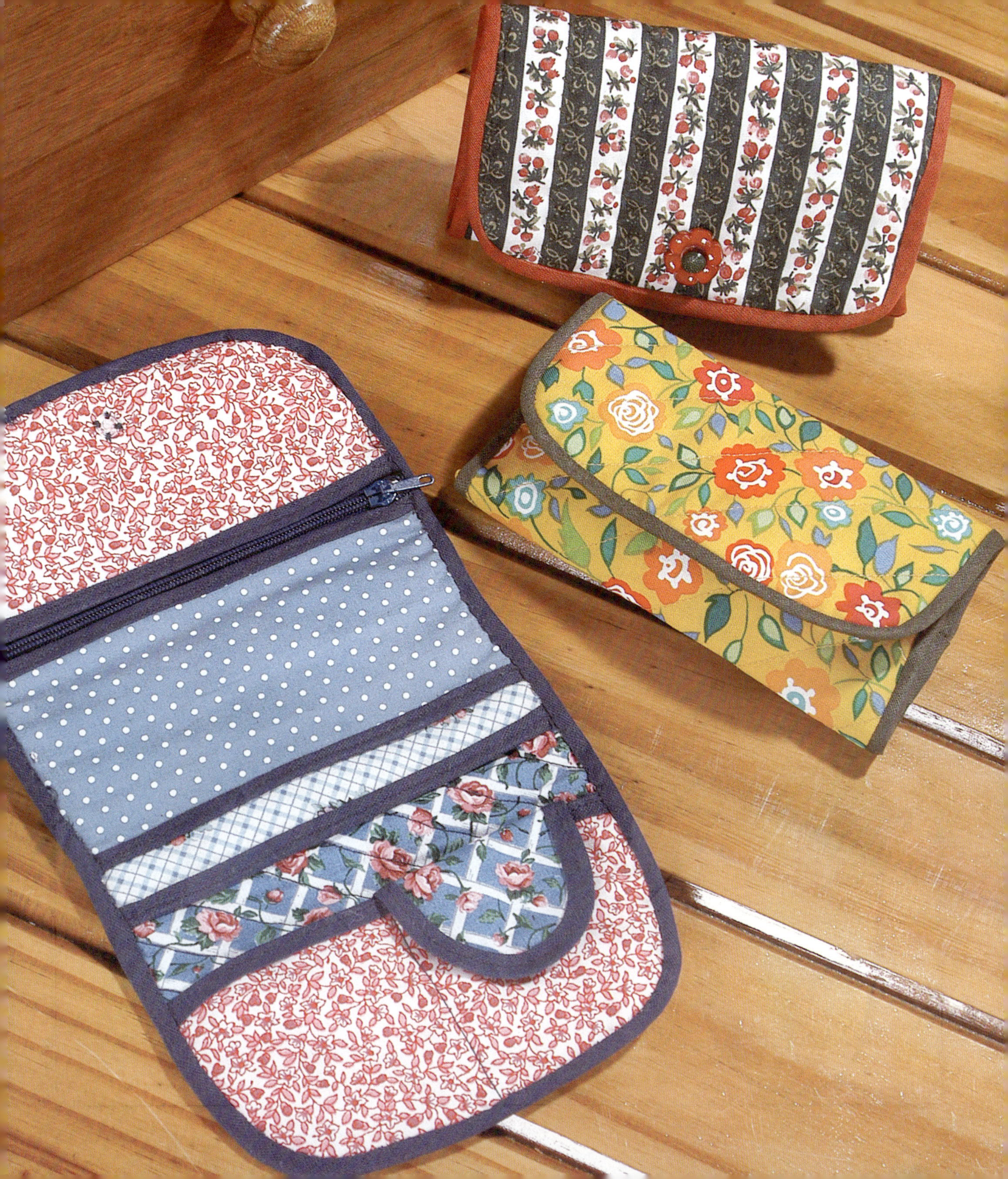

4. Risque o sanduíche em várias linhas diagonais e passe a costura por cima delas para quiltar. Em seguida, corte-o de acordo com o molde 5.

5. Para os tecidos recortados nos moldes 1, 3 e 4 prenda o viés apenas nas partes retas. No tecido do molde 2, use o viés em toda a volta.

6. Prenda o zíper entre as partes 1 e 4 para uni-los. A costura do zíper pode ser feita tanto à mão quanto na máquina.

7. Para montar o bolsinho, coloque a outra parte do molde 1 sobre uma das partes do molde 2.

8. Passe a costura sobre o viés do molde 2. Lembre-se de usar a linha da mesma cor do viés para oferecer melhor acabamento.

9. Alfinete na parte inferior do sanduíche, o tecido do molde 3 e na outra extremidade o bolsinho feito no passo anterior.

10. Use alfinetes para prender a peça com o zíper sobre o tecido do molde 3.

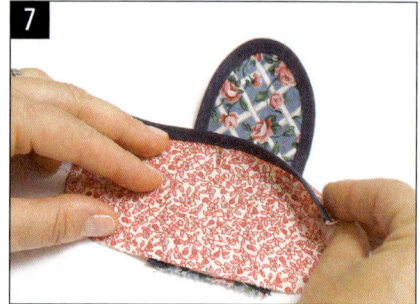

11. Costure o viés em toda a volta para prender todas as partes colocadas anteriormente.

12. Dobre a ponta do viés para a parte interna e prenda com alfinetes.

13 e a. Em seguida, costure o viés com pontos invisíveis à mão.

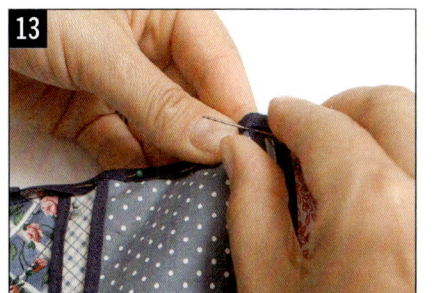

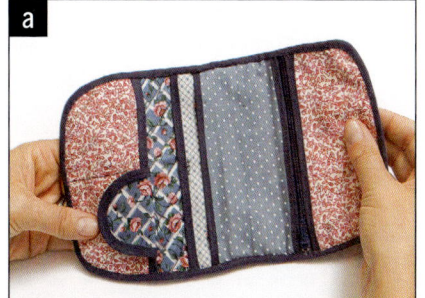

14 e a. Com auxílio da linha e agulha, prenda as partes do colchete no bolsinho.

15 e a. Prenda o outro colchete na parte principal da carteira, para fechá-la.

16. Confira o resultado do mesmo projeto com outros tipos de tecido. Use e abuse das cores.

47

14,5 cm

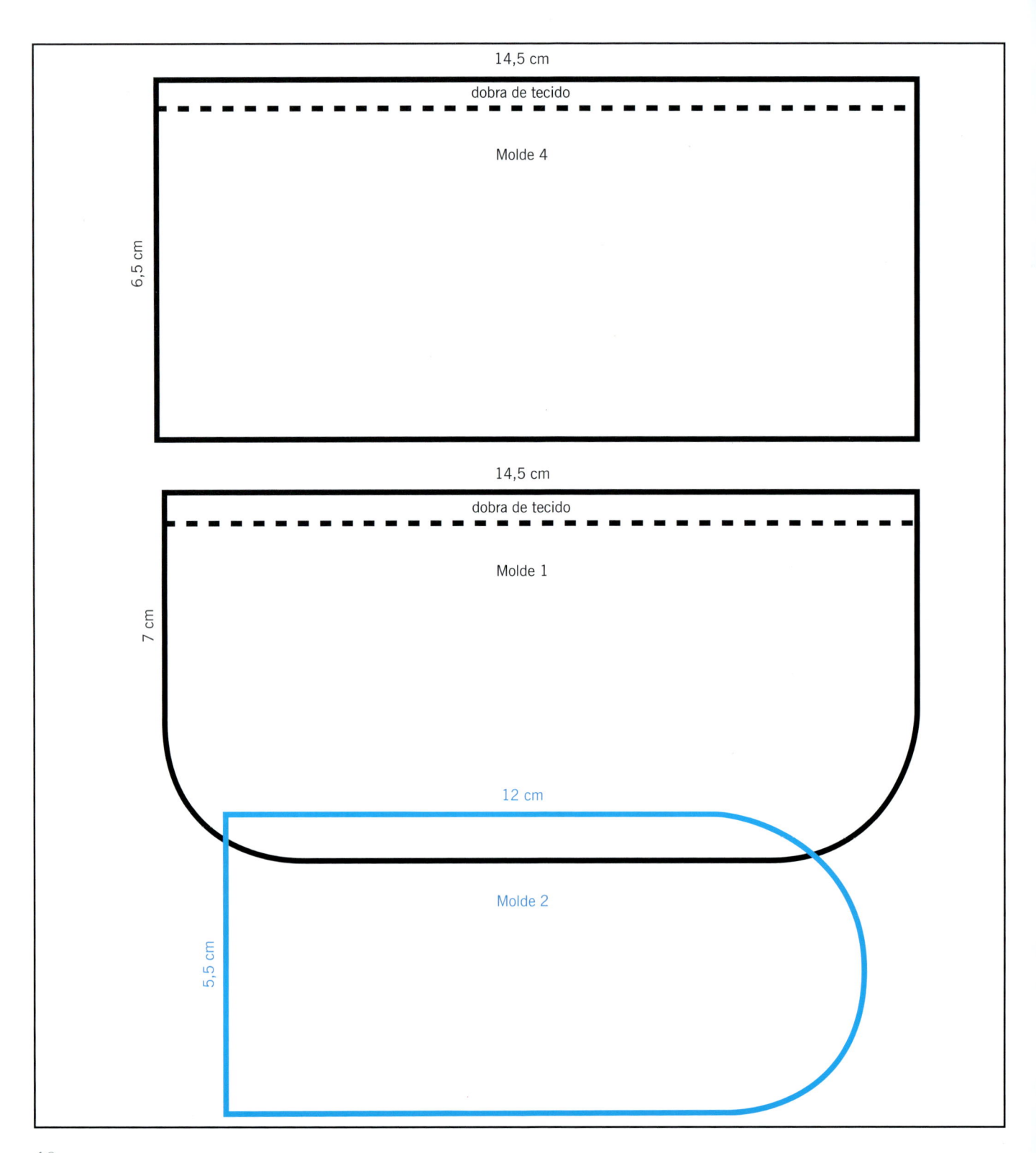

dobra de tecido

Molde 4

6,5 cm

14,5 cm

dobra de tecido

Molde 1

7 cm

12 cm

Molde 2

5,5 cm

48

14,5 cm

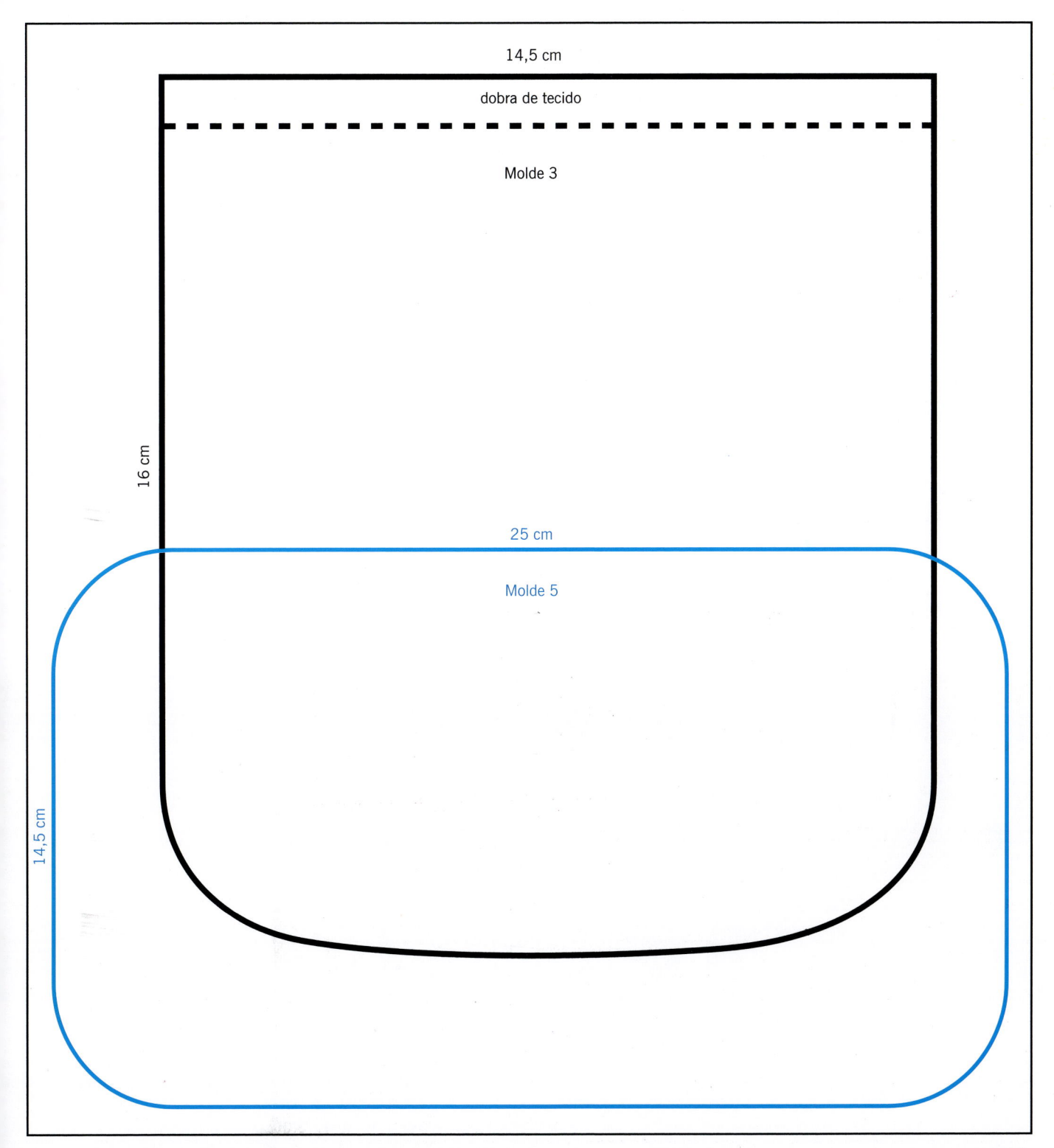

dobra de tecido

Molde 3

16 cm

25 cm

Molde 5

14,5 cm

49

Colcha de corações

material

- ▼ Material básico de patchwork
- ▼ 3,70 m de tecido de algodão branco texturinha
- ▼ 80 cm de tecido de algodão na cor ferrugem
- ▼ 2,40 m de manta acrílica
- ▼ 2,30 m de tecido para o forro
- ▼ 30 cm de entretela
- ▼ Retalhos de tecidos em 5 cores diferentes para os corações

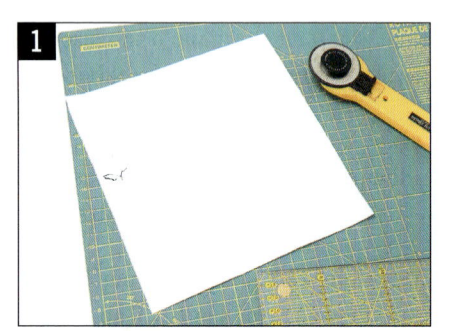

passo a passo

1. Para o fundo dos blocos, corte 24 quadrados de 26,5 cm de lado no branco texturinha.

2. Transfira o molde do coração para as 5 cores diferentes de retalhos e corte 24 peças.

3. No tecido ferrugem, corte: 18 faixas de 26,5 cm x 10 cm; 7 de 1,30 m x 10 cm e 2 de 2,25 m x 10 cm. Para cortá-las, passe a ferro e dobre o tecido ourela com ourela e depois ao meio. Meça os 10 cm de largura e corte as alturas.

4. Na entretela, recorte 24 quadrados com 15 cm de lado. Em seguida, sobreponha o tecido branco na entretela.

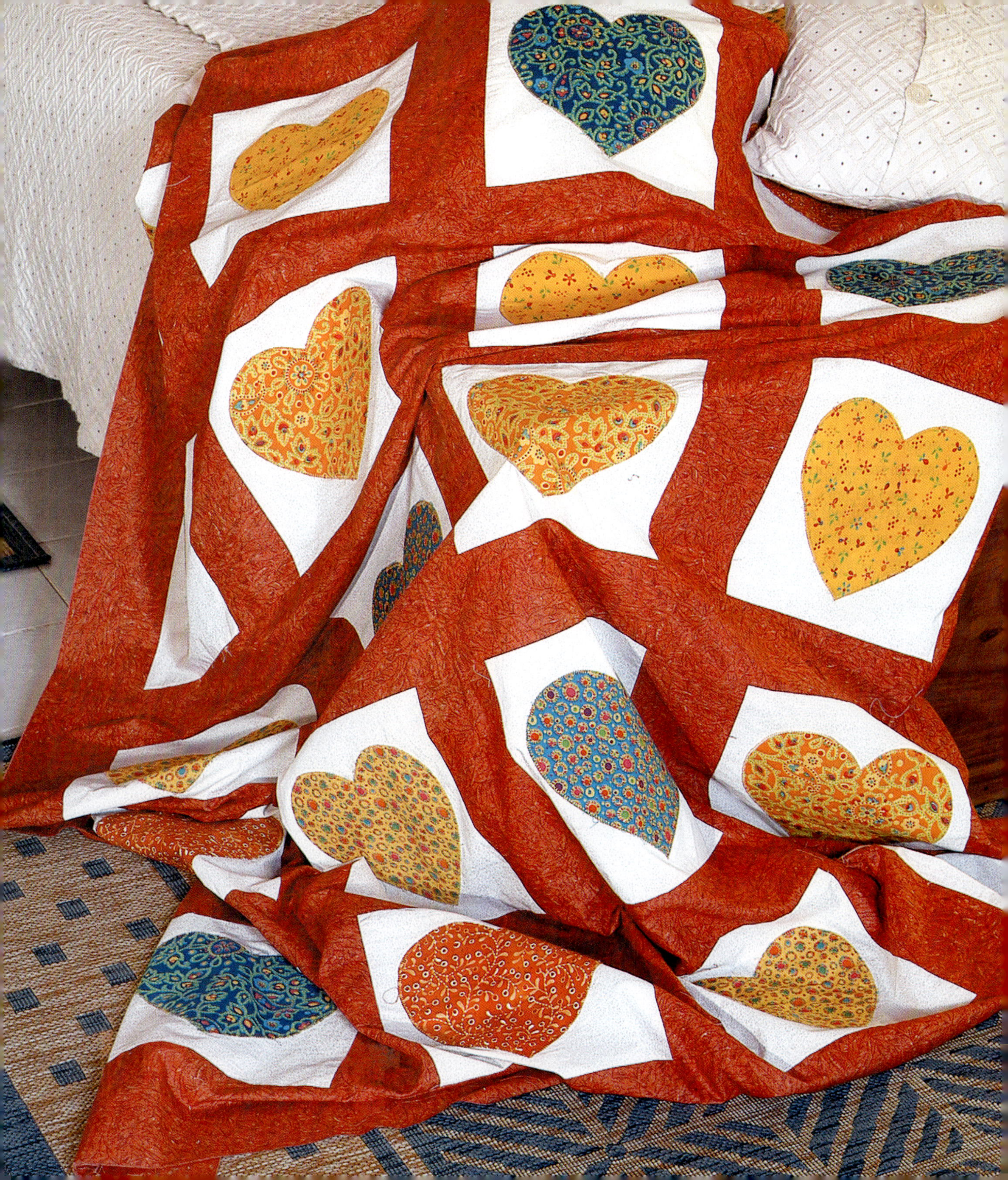

5. Agora, coloque o coração centralizado por cima do quadrado.

6. Prenda com alfinetes e passe a costura ao redor, usando ponto decorativo da máquina. Se preferir, costure à mão.

7. Feita essa costura, retire os excessos de entretela com auxílio da tesoura.

8. Comece a montar as carreiras da colcha. Para isso, prenda o lado direito da faixa de 26,5 cm x 10 cm na lateral do quadrado (direito).

9. Faça uma costura para prender as partes. Repita o procedimento com as laterais de mais 17 quadrados. No total serão 18.

10 e a. Prenda os blocos por estas faixas e passe a costura. No total, cada carreira será composta por 4 blocos.

11. Repita o procedimento para formar mais 5 carreiras iguais a esta, totalizando 6.

12. Para unir as carreiras entre si, use as faixas de 1,30 m x 10 cm.

13. Alfinete seu lado direito com o direito do trabalho e passe a máquina.

14. Prenda a outra extremidade da faixa na borda da outra carreira e passe a costura.

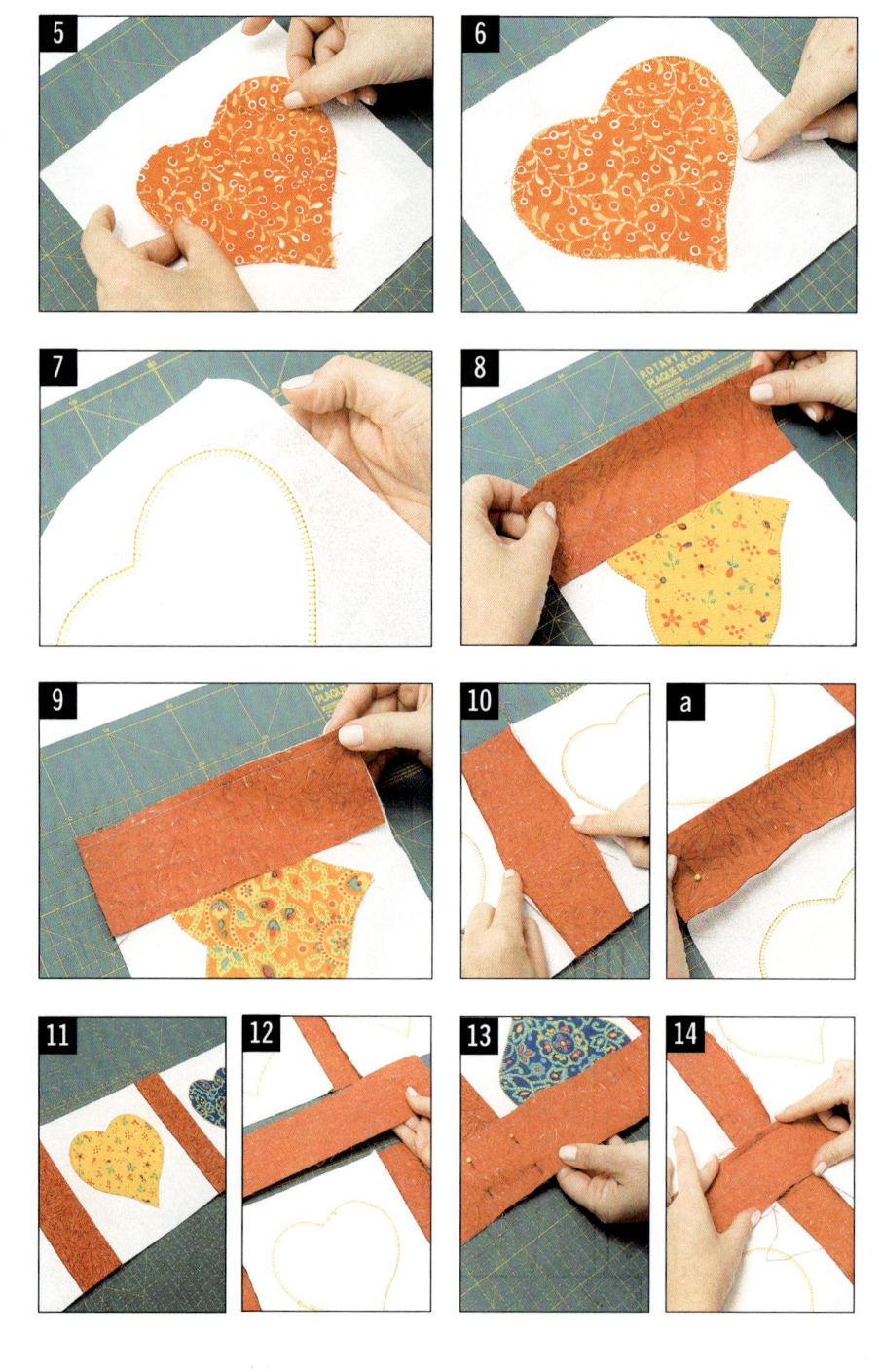

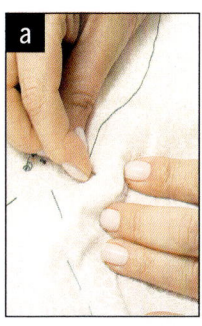

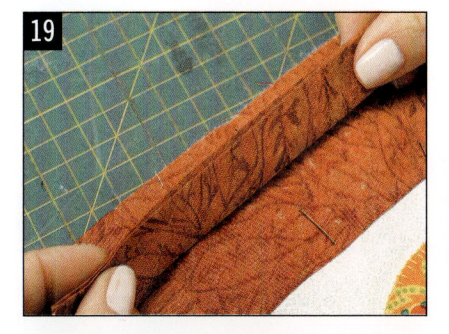

15. Com este procedimento a colcha ganha forma e um colorido muito bonito.

16. Para dar acabamento nas laterais, costure as faixas de 2,25 m x10 cm.

17. Corte o tecido do forro maior do que o trabalho pronto. Para este modelo, foi cortado com 2,25 m x 1,50 m. Monte um sanduíche, colocando o direito do forro para baixo, a manta acrílica e a frente do bloco virada para cima.

18 e a. Alinhave todo o trabalho, no formato de cruz e depois em x para quiltar da maneira que achar melhor.

19. Para dar acabamento nas laterais, corte faixas com 4 cm de largura. Dobre-a ao meio e prenda sobre o direito do trabalho, deixando a parte da dobra para o centro da colcha.

20. Passe a costura, usando um pé de máquina de distância.

21 e a. Vire a ponta da faixa para o avesso e prenda com alfinetes. Costure com pequenos pontos à mão.

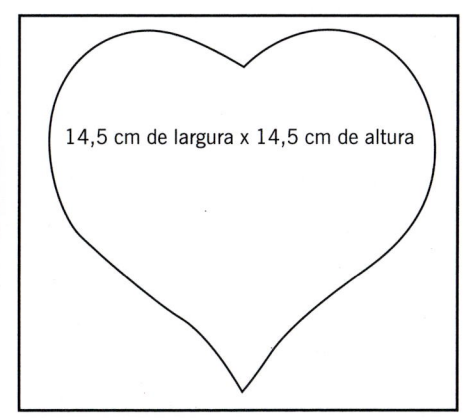

14,5 cm de largura x 14,5 cm de altura

53

Jogo americano

material

▼ **Material básico de patchwork**

▼ **35 cm de tecido de algodão florido**

▼ **35 cm de tecido de algodão bolinha**

▼ **30 cm de entretela não colante**

passo a passo

1. Utilize o cortador sobre a base de corte para fazer um retângulo no tecido de bolinha de 35 cm x 45 cm.

2 e a. Corte todo o tecido (no sentido da largura) de maneira irregular, fazendo movimentos de "ondas" com o cortador.

3. Corte a entretela no tamanho de 40 cm x 50 cm e coloque sobre ela todos os pedaços, um ao lado do outro, seguindo a ordem de corte.

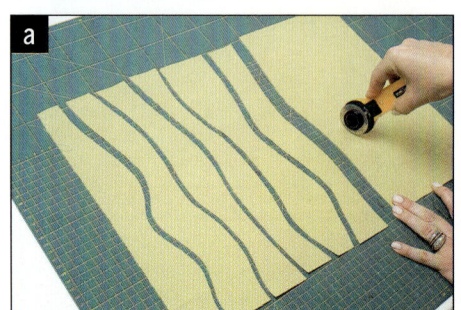

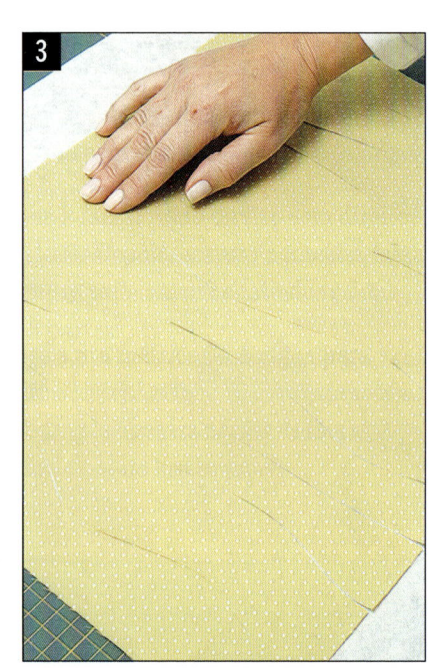

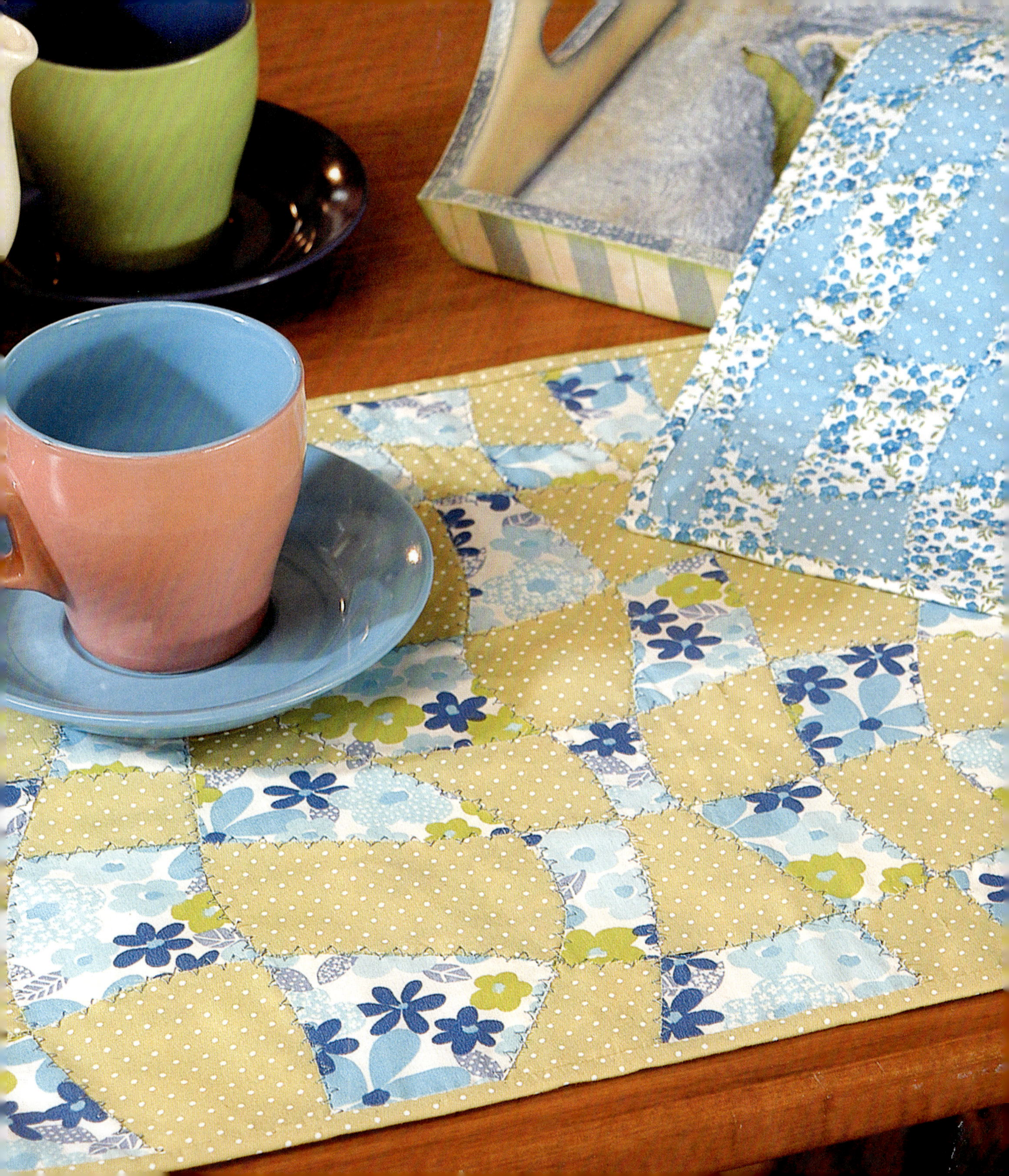

4 e a. Repita o mesmo procedimento no tecido floral de 35 cm x 45 cm. Só que desta vez, ele deve ser cortado no sentido do comprimento.

5. Para começar a fazer o trabalho, levante as tiras (tecido bolinha), intercalando os espaços, ou seja, uma tira sim, outra não.

6. Coloque a primeira tira feita no tecido floral.

7. Em seguida, volte as tiras para o lugar.

8. Alfinete toda a carreira para prender o trabalho.

9. Comece a fazer a segunda carreira e levante as outras faixas, intercalando os espaços.

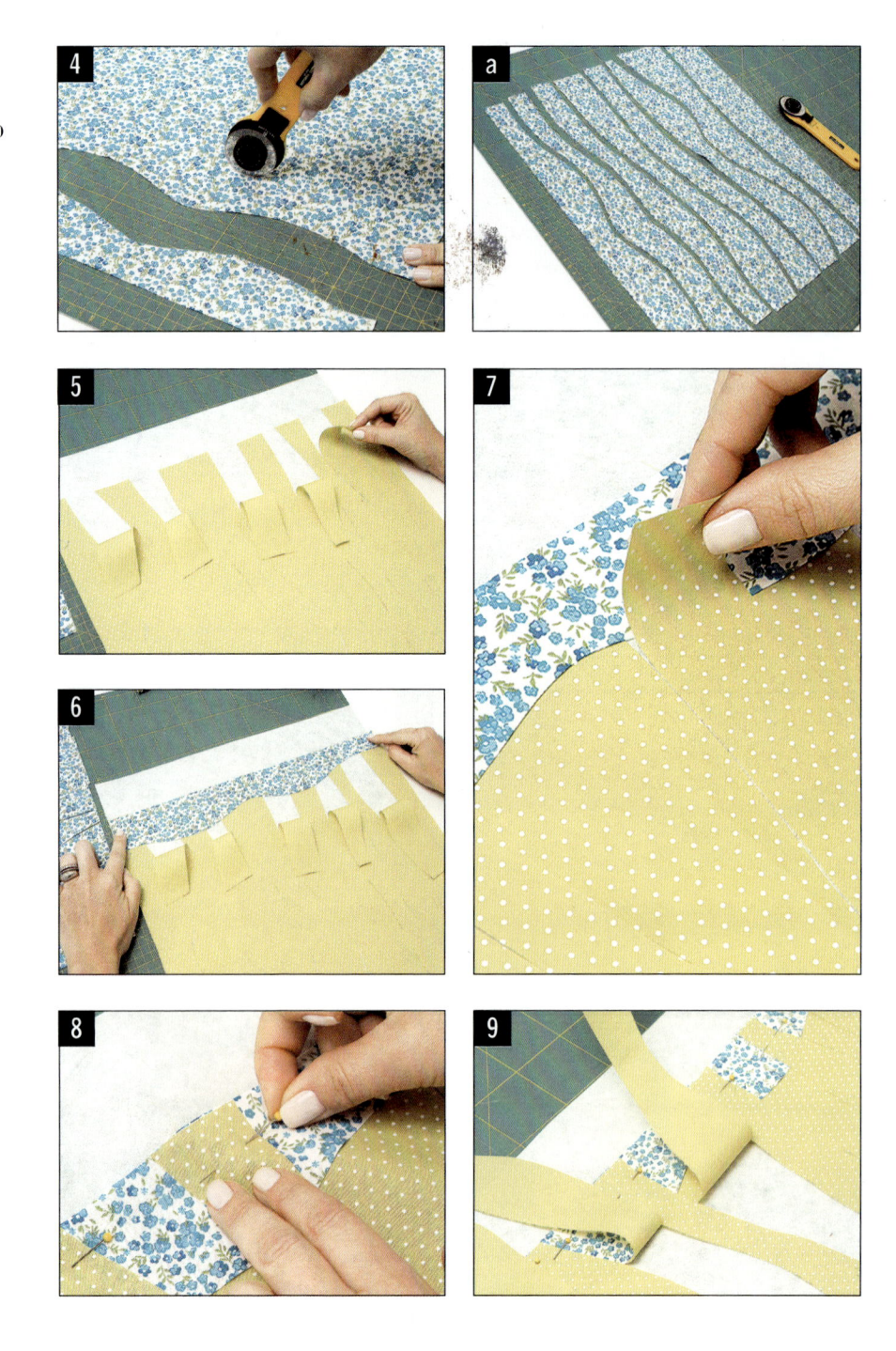

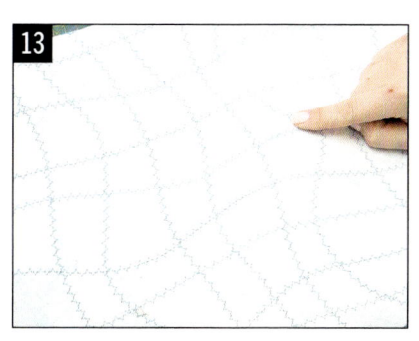

10 e a. Coloque a faixa floral por baixo e leve as faixas de bolinhas para o lugar.

11. É importante que as faixas, no caso as florais, não saiam da sequência de corte para o trabalho se encaixar.

12. Leve o trabalho à máquina e escolha um ponto decorativo para costurar todas as faixas. Procure usar linha que contraste com o tecido.

13. Veja como ficou o avesso do trabalho.

14. Corte uma faixa de 4 cm de largura e dobre-a ao meio para dar acabamento, como se fosse um viés.

15. Coloque o avesso do tecido do forro (35 cm x 45 cm) no avesso do trabalho e prenda-os, alfinetando a faixa já dobrada ao meio nas bordas.

16. Leve para costurar à máquina.

17. Dobre a faixa de acabamento para o avesso, prenda com alfinetes e costure com pequenos pontos à mão.

Nécessaire coração

material

▼ Material básico de patchwork

▼ 6 cm de tecido de algodão de 3 cores diferentes

▼ 20 cm de tecido de algodão para o forro

▼ 20 cm de manta acrílica resinada

▼ 15 cm de zíper

passo a passo

1. Corte as 3 cores diferentes com 6 cm de largura pelo comprimento do tecido.

2. Corte 2 quadrados de cores diferentes com 6 cm. Posicione-os um sobre o outro, lado direito com direito, e costure.

3. Costure a faixa verde com os quadrados unidos – sempre lado direito com direito.

4. Sobre a base para corte, use a régua e o cortador para acertar o excesso.

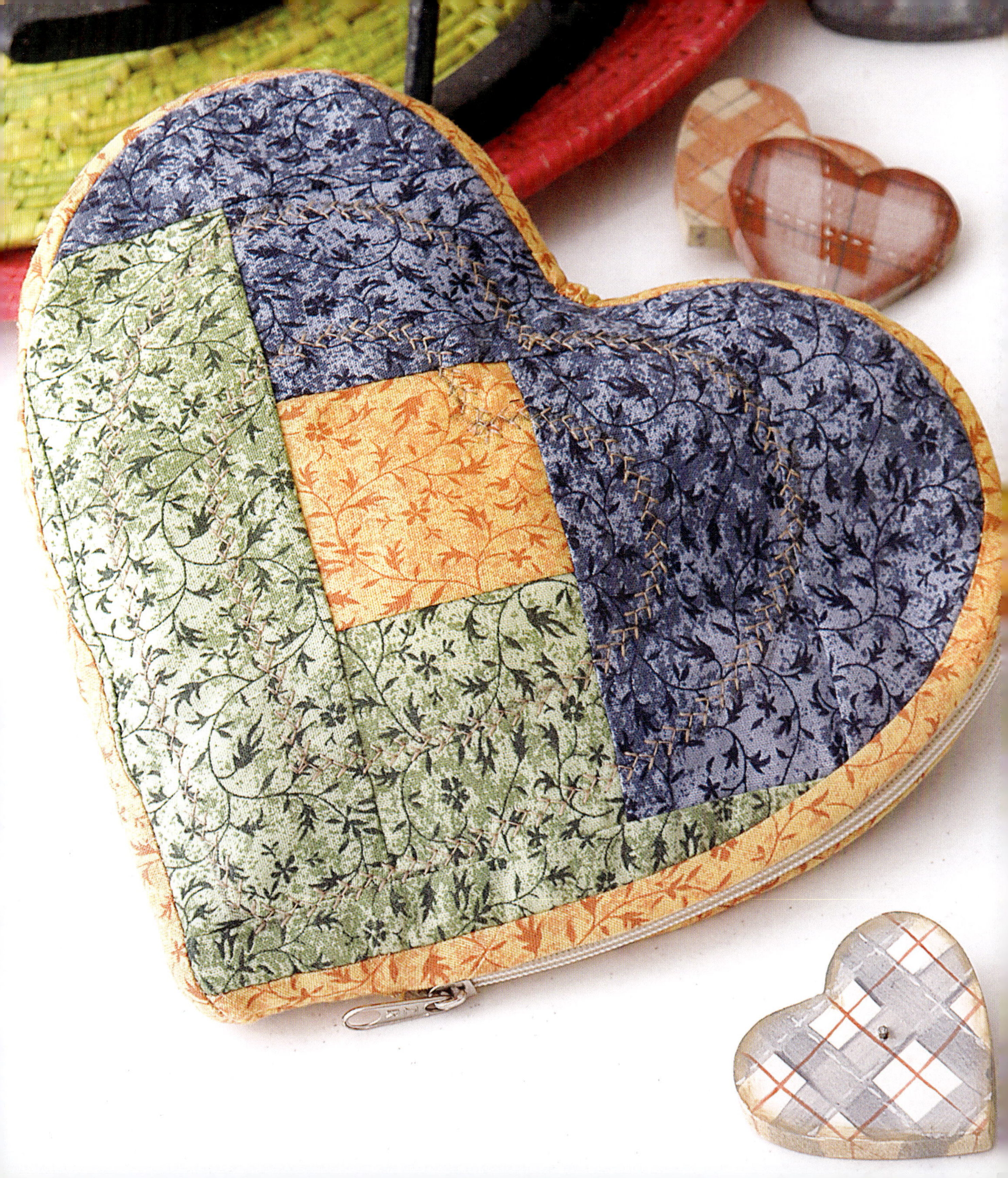

5. Agora, costure a faixa azul no lado em que os tecidos estão unidos.

6. Depois, costure mais uma faixa azul. Estas costuras devem ser em sentido horário, totalizando 4 tiras verdes e 4 azuis. Para a nécessaire, faça 2 blocos.

7. Posicione o molde do coração grande sobre o bloco e transfira o risco.

8. Utilize a tesoura para recortar sobre o risco.

9. Ao cortar o outro bloco, inverta o lado azul – um tem que ficar para baixo e o outro para cima.

10. Corte o tecido do forro e a manta no formato do coração e monte o sanduíche: forro, manta e trabalho (com a frente virada para cima).

11. Risque os 2 moldes menores de coração sobre a peça e leve à máquina para costurar os desenhos. Use o ponto decorativo da sua máquina.

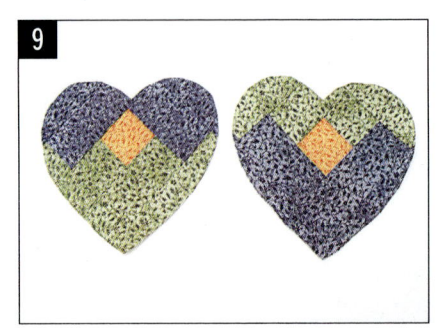

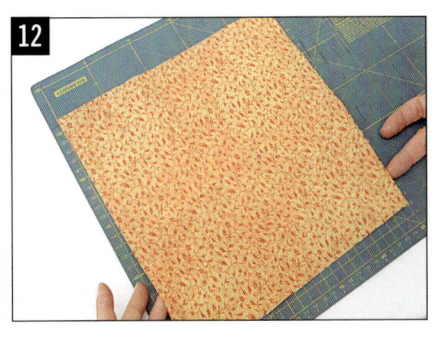

12. Para fazer o viés, corte um quadrado de 25 cm x 25 cm.

13. Corte o quadrado ao meio, em diagonal.

14. Coloque uma peça sobre a outra, formando uma bandeirinha e costure.

15. Marque o tecido a cada 3 cm.

16. Em seguida, corte estas faixas.

17. Para unir as faixas, prenda as 2 pontas (direito com direito), deixando-as alinhadas. Depois, costure quantas faixas forem necessárias.

18. Dobre as 2 extremidades do viés para o centro e vinque.

19. Alfinete o viés em volta do coração.

20. Costure em volta.

21. Vire a faixa para o outro lado, alfinete e vá prendendo com pequenos pontos à mão.

22. Posicione uma peça sobre a outra e costure as bordas, deixando uma abertura em um dos lados (15 cm) para colocar o zíper.

23. Prenda o direito do zíper no avesso do coração, alinhando o metal do zíper no fim da costura da peça.

24. Abra o zíper e alfinete os lados nas bordas do coração, pelo viés.

25. Costure com pequenos pontos a mão e desvire a peça.

26. Você pode aplicar apenas os corações em um quadrado e formar um bloco para colcha, almofada, bolsa...

Quilt - Risco 1
12 cm de largura x 11 cm de altura

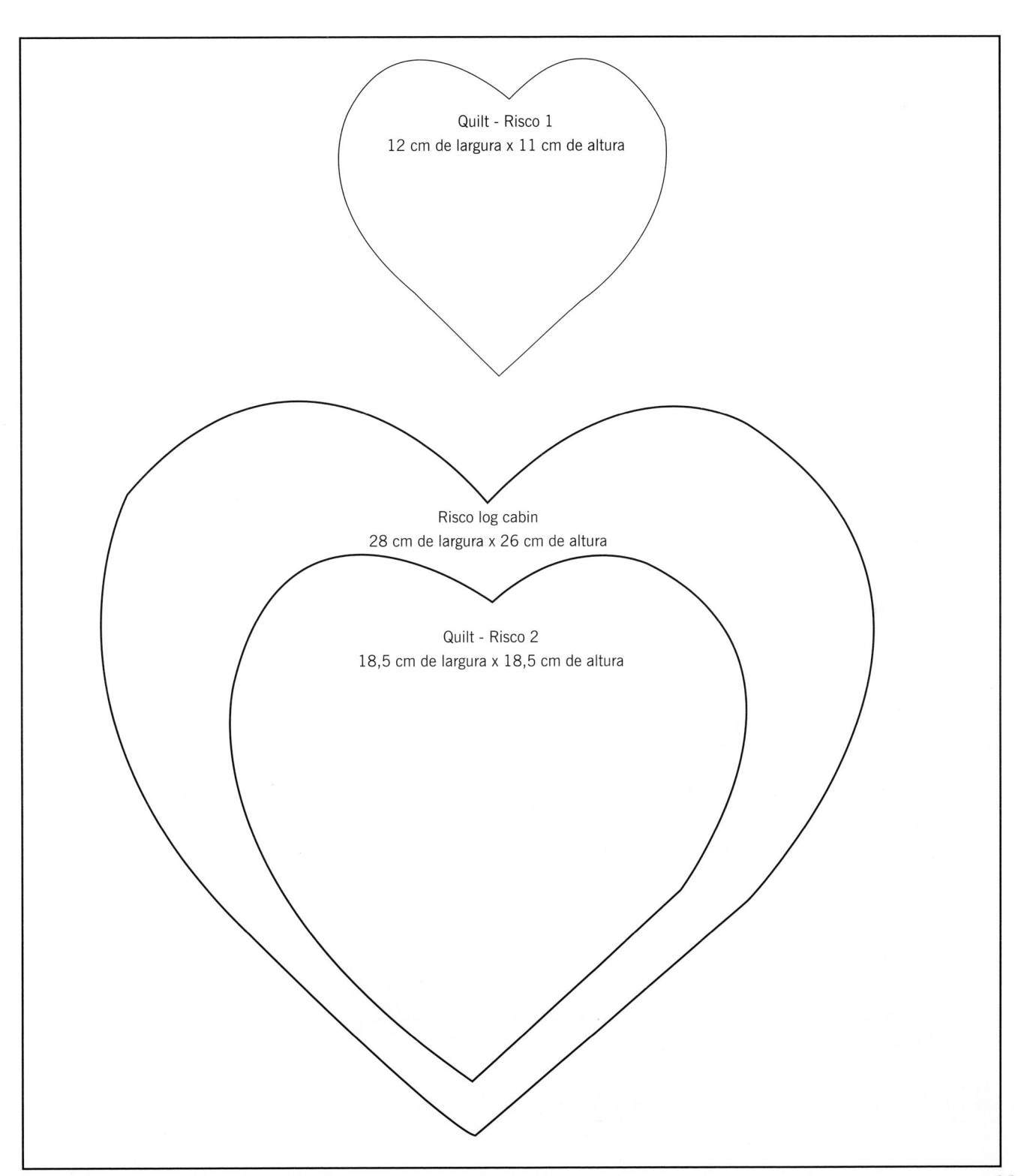

Risco log cabin
28 cm de largura x 26 cm de altura

Quilt - Risco 2
18,5 cm de largura x 18,5 cm de altura

Bolsa vintage

material

- ▼ Material básico de patchwork
- ▼ 35 cm de manta acrílica
- ▼ 35 cm de tecido de algodão para o forro
- ▼ 35 cm de tecido de algodão estampado – desenho miúdo e grande
- ▼ 35 cm de tule colorido
- ▼ 60 cm de cordonê para a alça
- ▼ 30 cm de cadarço
- ▼ Rendas
- ▼ Entremeios
- ▼ Fitas
- ▼ Sianinhas
- ▼ Passamanarias
- ▼ Pé de máquina Big Foot

passo a passo

1. Transfira o molde da bolsa (pág. 69) 2 vezes no tecido com estampa grande e 2 vezes no de estampa miúda.

2. No tecido do forro, transfira o molde 4 vezes.

3 e a. Em uma das partes do tecido de estampa grande, posicione a renda da maneira que quiser e acerte as pontas. Prenda com alfinete.

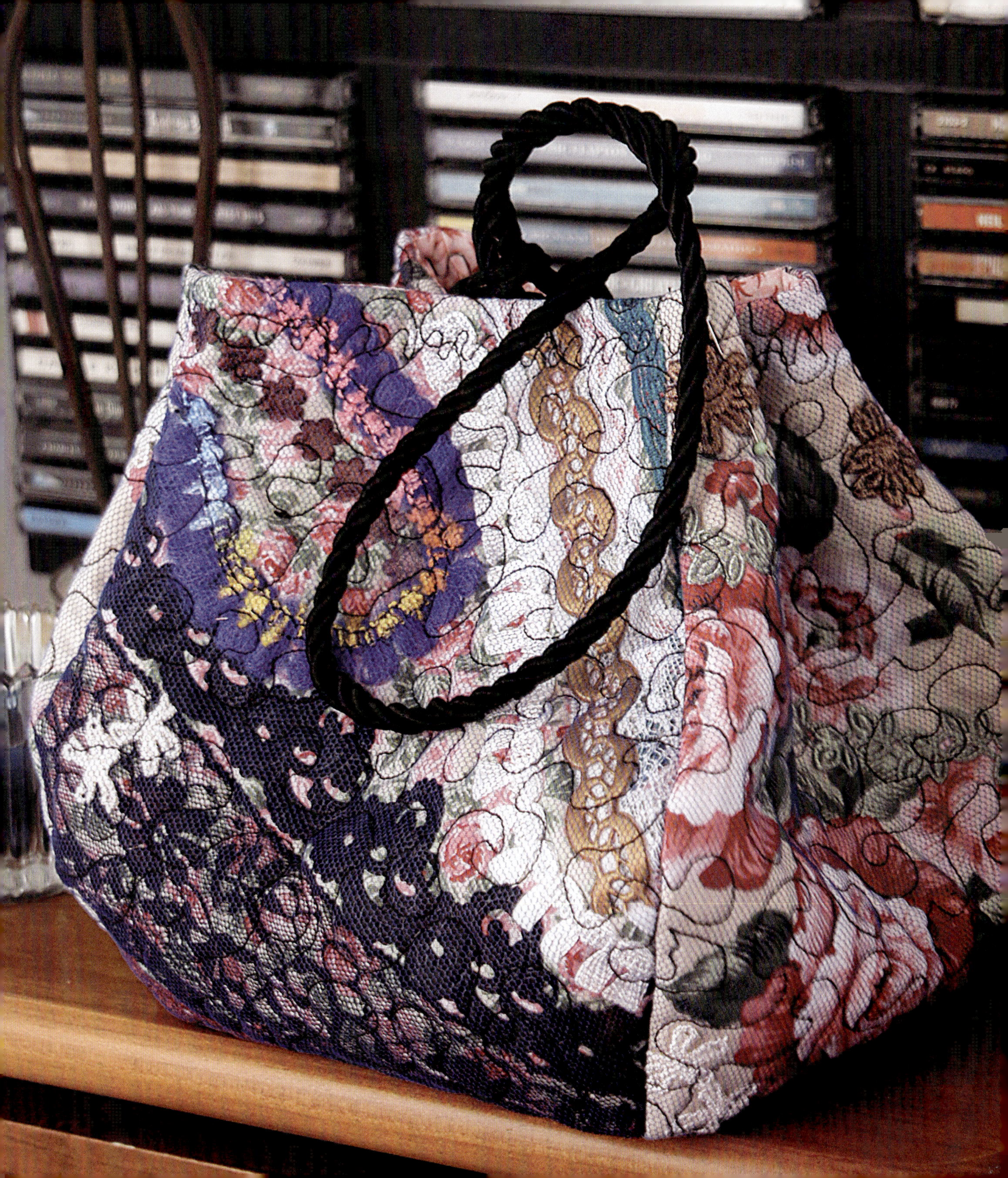

4. Continue a prender os aviamentos de acordo com o seu gosto.

5. Por cima da peça, alfinete o tule azul, cortado um pouco maior do que o molde. Faça o mesmo com a outra parte.

6. Na peça de estampa miúda, procure colocar mais rendas. Depois, prenda o tule por cima. Faça o mesmo com a outra peça.

7. Corte o molde 4 vezes na manta acrílica e alfinete uma em cada peça.

8. Use o big foot (pé de máquina para quilt) e a linha de quilt preta para costurar cada parte sobre o tule. Para isso, movimente o tecido livremente.

9. O segredo está em não deixar as costuras se encontrarem.

10. Repita o quilt em todas as peças da bolsa.

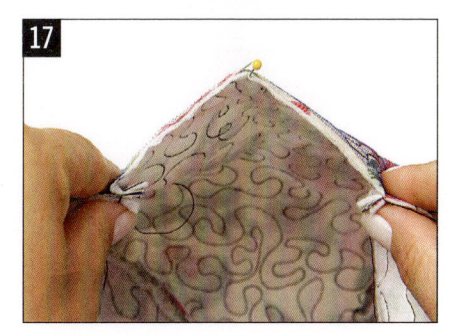

11. Intercalando as estampas, posicione 2 peças por vez, colocando lado direito com direito.

12. Alfinete apenas um dos lados e leve à máquina para costurar.

13. Una as partes, acertando os lados que ficaram abertos. Procure deixar também a ponta de uma alinhada com a outra.

14. Costure o contorno para fechar a bolsa.

15. Desvire a peça e acerte as costuras com algum objeto pontiagudo.

16. Siga os mesmos passos para montar o forro, deixando uma pequena abertura.

17 e a. Encontre o centro de cada parte da bolsa e marque com um alfinete no lado superior, para orientar a colocação das alças.

18. Corte o cadarço em 3 pedaços de 10 cm. Dobre ao meio e prenda um na borda de cada lado da bolsa, com a dobrinha virada para baixo.

19. Use 60 cm do cordonê, dobre ao meio e prenda no último lado.

20. Costure apenas sobre os cordões, fazendo o retrocesso.

21. Agora, vista a bolsa no forro, lado direito com direito.

22. Acerte as costuras e bordas e alfinete-as.

23. Costure toda a borda e desvire a bolsa pela abertura do forro. Depois, com o ponto decorativo da máquina, rebata esta costura.

24. Para fechar a bolsa, passe o cordão nas alcinhas, formando um zigue-zague.

25. O legal desta bolsa é você reaproveitar aviamentos e até mesmo tecidos. Experimente também bordar algumas miçangas para incrementar ainda mais esta linda peça.

Bolsa Vintage
24 cm de largura x 40 cm de altura

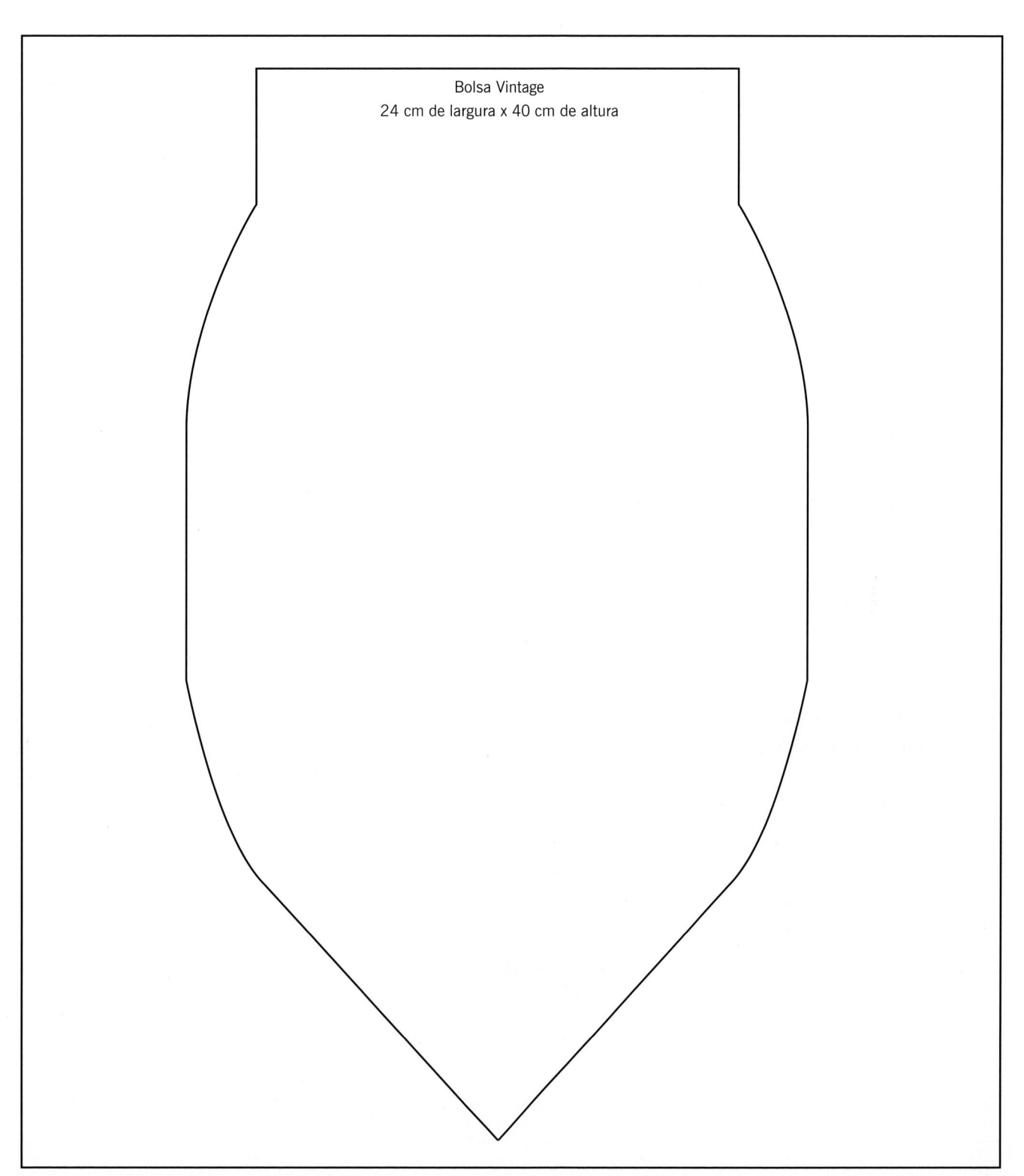

Bolsa organizadora

material

- Material básico de patchwork
- 60 cm de chenile, gobelem ou algodão cru grosso com largura de 1,20m
- 60 cm de tecido de algodão azul
- 60 cm de tecido de algodão para o forro
- 60 cm de tecido de algodão xadrez
- Retalhos de tecidos coloridos de algodão
- Lápis 6B
- 15 cm de algodão cru fino
- 4 m de cordão de algodão com 3 cm de largura
- Caneta mícron 0,05 na cor preta
- Papel vegetal
- Giz de cera
- Papel kraft
- Assadeira
- Chá-preto
- Forno convencional

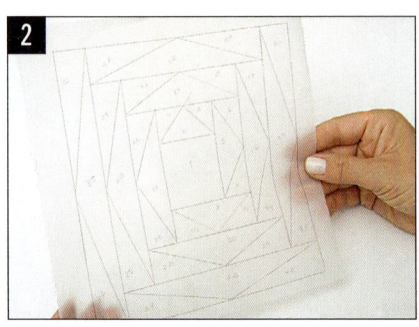

passo a passo

1. Para a base da bolsa corte o chenile com 60 cm x 1,20 m.

2. No papel vegetal, transfira o molde do foundation (pág. 77).

3. Use retalhos de tecidos, cortados em tamanhos pequenos, para preencher o desenho. Coloque o avesso do primeiro pedaço com o avesso do papel sobre a área nº 1.

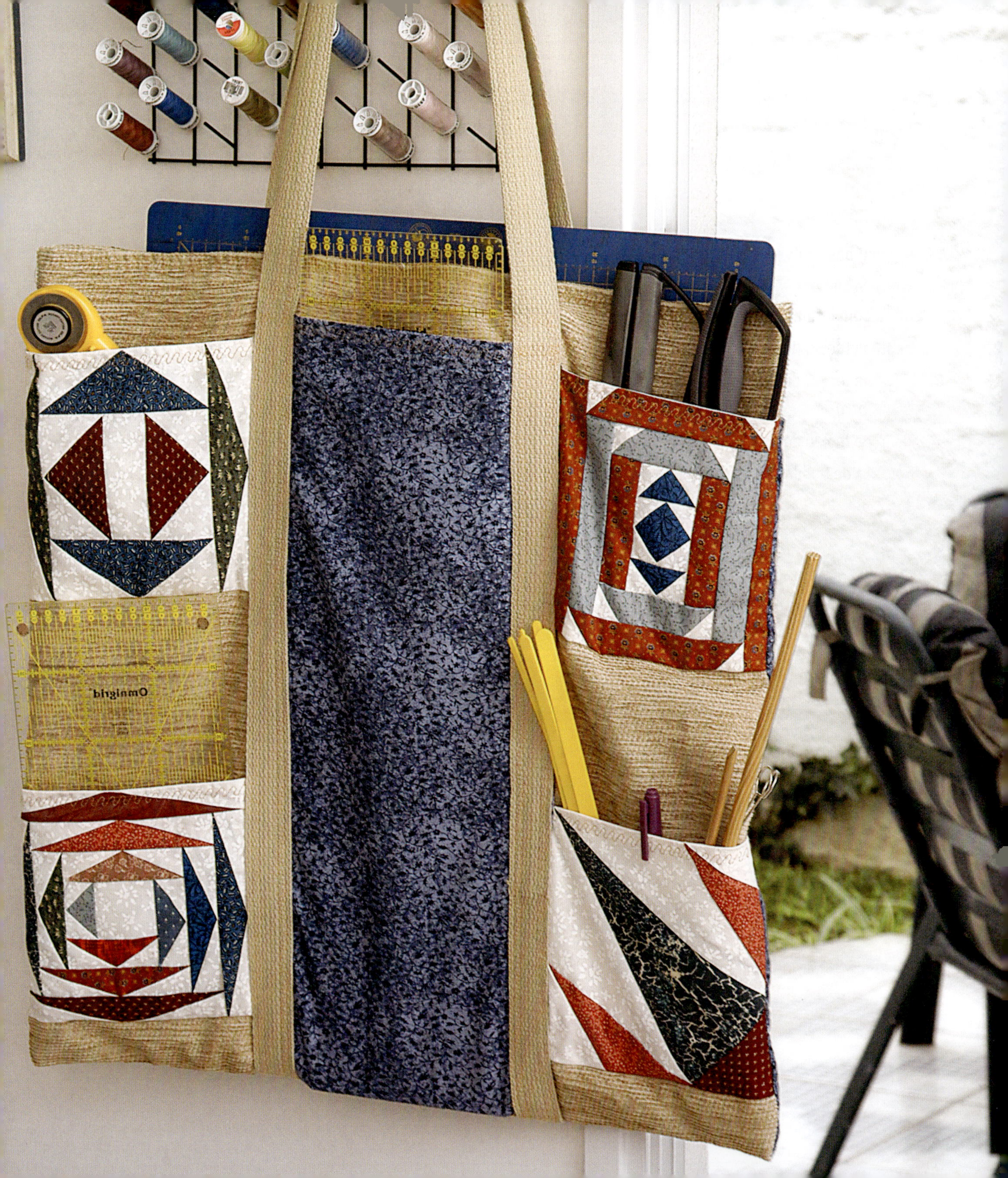

4. Use o alfinete para prender o tecido.

5. Coloque outro tecido na área nº 2, sobre o primeiro tecido. Leve à máquina para costurar.

6 e a. E assim vá costurando, seguindo a sequência numérica.

7. Siga os mesmos passos para confeccionar mais 2 desenhos que servirão como bolso.

8. Após retirar o papel vegetal do verso dos desenhos, corte o algodão cru fino no tamanho dos quadrados e coloque seu direito com o direito do foundation.

9. Costure apenas o lado superior. Depois, desvire e rebata a costura com um ponto decorativo da máquina.

10. Para o bolso maior, corte o tecido azul e do forro no tamanho de 21,5 cm x 51,5 cm. Coloque-os lado direito com direito e costure o lado superior (lateral menor).

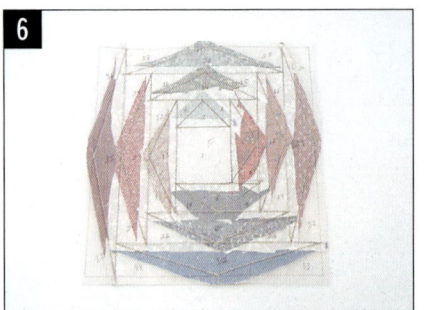

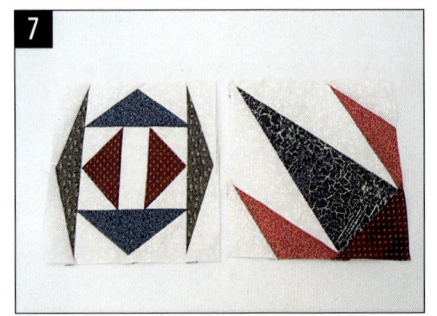

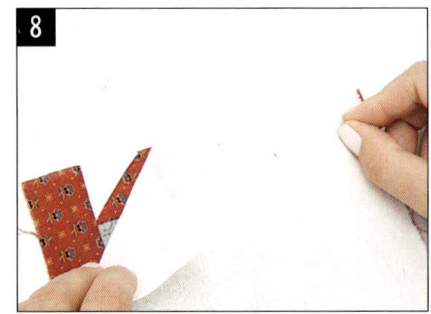

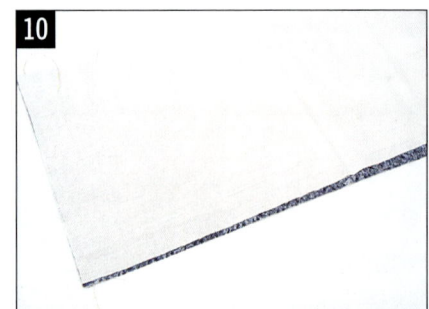

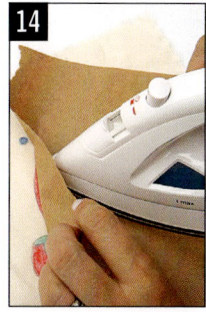

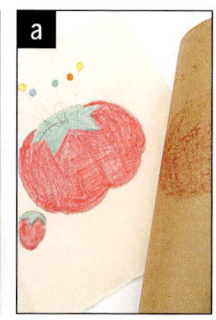

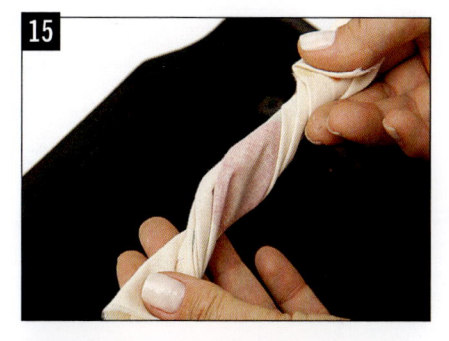

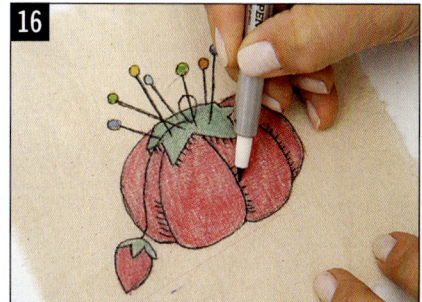

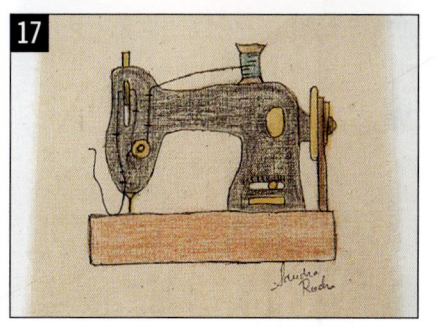

11. Desvire e rebata a costura com o ponto decorativo. Siga os mesmos passos, nas medidas: 16,5 cm x 51,5 cm e 21,5 cm x 51,5 cm – tecido azul.

12. Agora, vamos para a técnica do pano assado. Para isso, ferva, em 1 litro de água, 7 saquinhos de chá preto. Ao ferver, desligue o fogo e deixe o algodão cru fino imerso por 10 minutos. Recolha o tecido e deixe-o secar. Depois, corte quadrados de 15 cm e transfira o desenho com o lápis 6B.

13. Use o giz de cera para pintar o desenho.

14 e a. Coloque o papel kraft por cima do desenho e passe a ferro (temperatura alta) para retirar o excesso do giz que irá grudar no papel. Se o desenho ficar claro, volte a pintar, se ficar muito escuro, pinte com o giz branco por cima e passe novamente a ferro.

15. Enrole o quadrado, formando um canudo e coloque na assadeira. Leve ao forno pré-aquecido, em temperatura média, por 10 minutos ou até obter a cor desejada.

16. Deixe esfriar e passe novamente a ferro com o papel kraft por cima para melhor fixação do desenho. Depois, faça os contornos com a caneta mícron.

17 e a. Siga os mesmos procedimentos para compor mais 2 desenhos.

73

18. Com o chenile dobrado ao meio, posicione o bolso de 51,5 cm x 21,5 cm no centro, prendendo sua borda (lado direito) na dobra do chenile. Costure.

19. Da borda do chenile, deixe margem de 5 cm e alfinete um dos blocos do foundation.

20. Na borda superior, deixe uma distância de 5 cm e alfinete o outro foundation.

21. Prenda o restante dos foudations e dobre o bolso maior para cima.

22. Para costurar os blocos, marque o lado inferior de cada um deles. Posicione a borda do bloco (lado direito) nesta marca e costure.

23. Vire o bloco para cima e alfinete-o. Note que as laterais não possuem costuras.

24. Com a linha para bordar, pesponte os desenhos que foram assados nos bolsos de 21,5 cm e 26 cm.

25 e a. Depois, costure o bolso maior no outro lado da bolsa, alinhada à dobra. Para prender o bolso menor, deixe uma margem de 30 cm da parte superior. Lembre-se de costurar apenas o lado inferior dos bolsos.

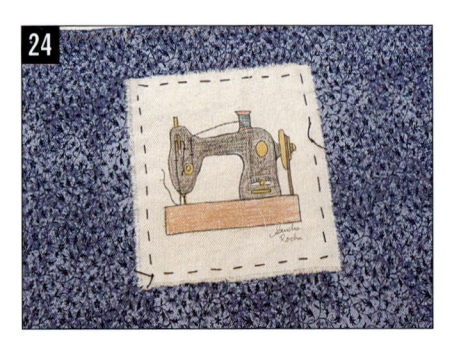

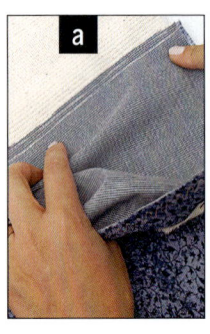

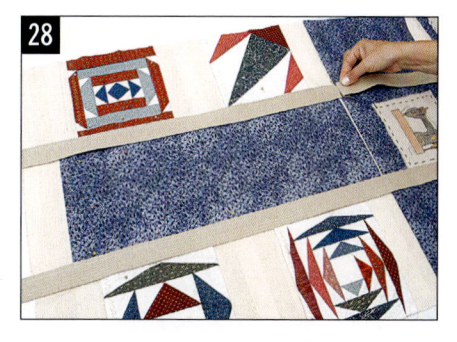

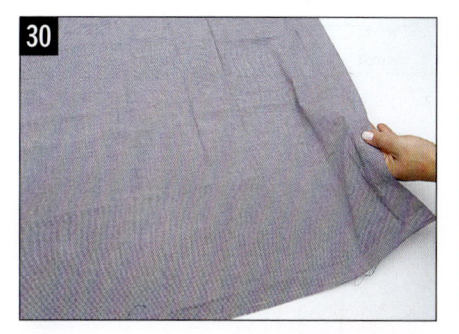

26. O legal desta bolsa é que você trabalha com o tecido inteiro, sem cortes.

27. Dobre a pontinha da faixa de algodão para dentro, posicione-a na dobra da bolsa e alinhe sua lateral com as laterais do bloco.

28. Vá alfinetando a faixa, deixe uma grande alça e volte-a para o trabalho, sempre alinhando as bordas. Faça esta etapa com a bolsa aberta. Depois, costure.

29. Feche a bolsa, deixando lado direito com direito, e costure as duas laterais.

30. Para o forro, corte o tecido xadrez com 60 cm x 1,20 m. Dobre ao meio e costure as duas laterais, deixando uma pequena abertura.

31. Vista o forro na bolsa, lado direito com direito.

32. Desvire a bolsa e rebata a costura em toda a borda superior com ponto decorativo da máquina.

33. Com as técnicas usadas para compor os bolsos, você pode criar as mais variadas peças.

Riscos reduzidos. Amplie em máquina copiadora de acordo com sua aplicação

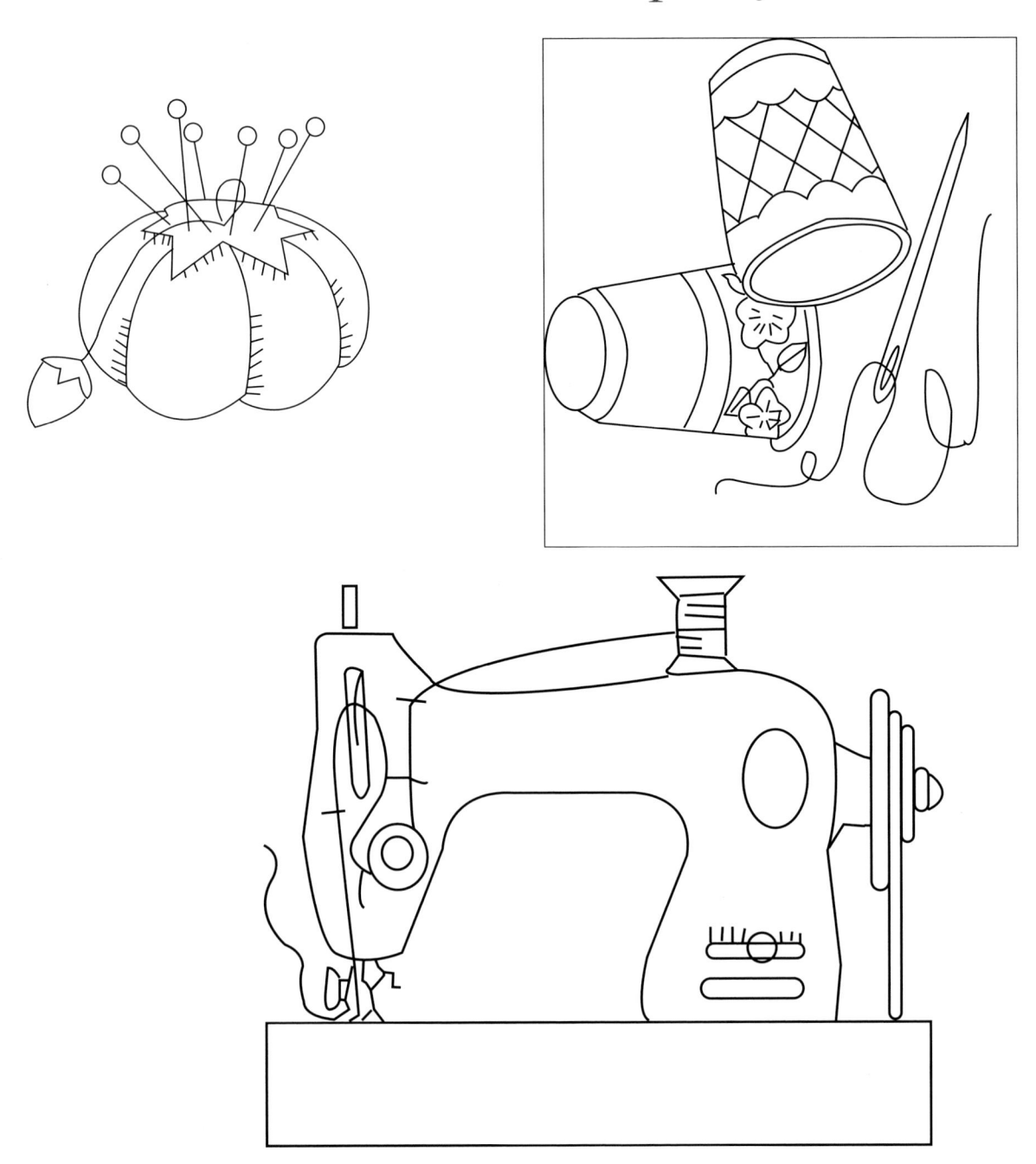

Medida final dos blocos: 12,5 cm x 12,5 cm

Foundation Bolsa Grande 1

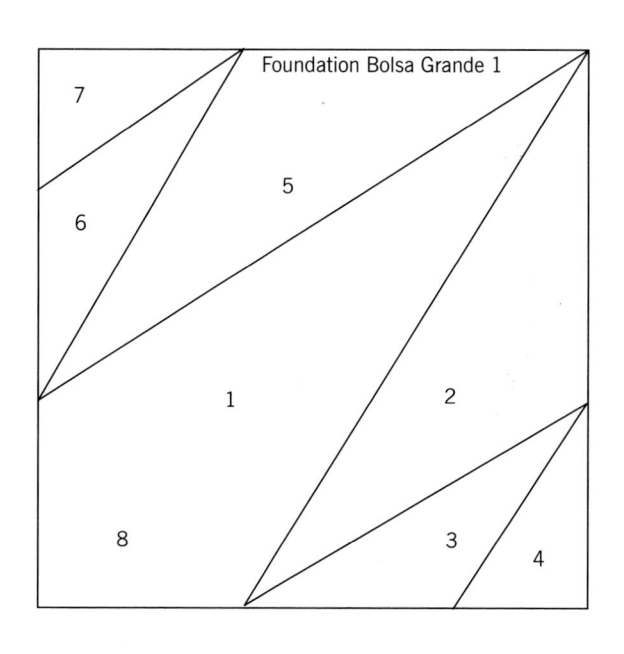

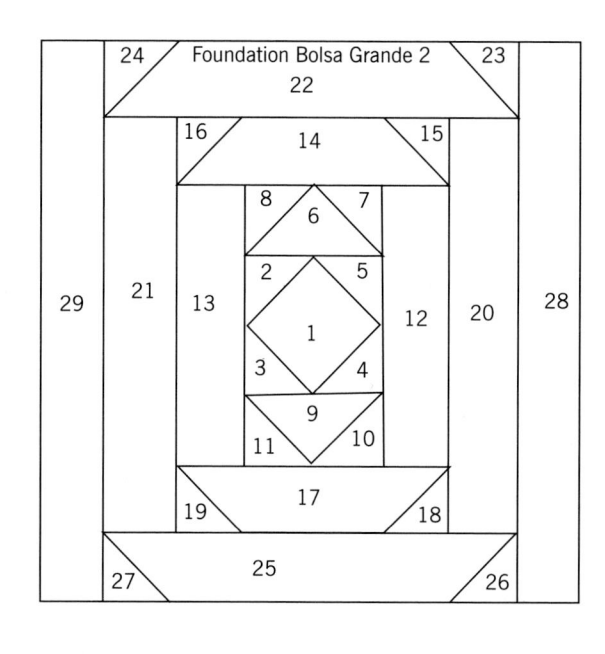

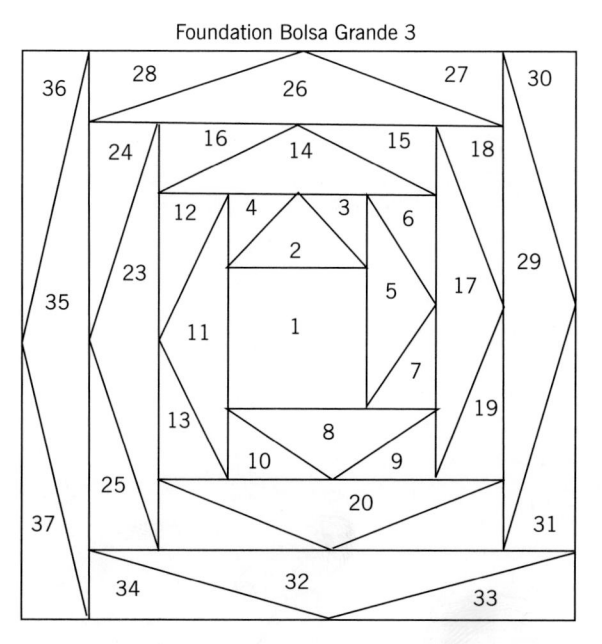

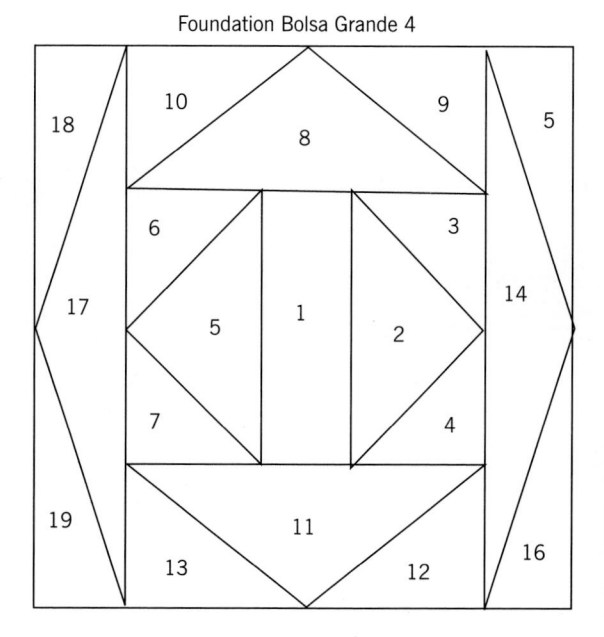

Foundation Bolsa Grande 2

Foundation Bolsa Grande 3

Foundation Bolsa Grande 4

Cestinha decorativa

material

▼ Material básico de patchwork
▼ 27 cm de tecido de algodão liso
▼ 27 cm de tecido de algodão estampado
▼ 27 cm de manta acrílica
▼ 80 cm de renda ou bordado inglês
▼ Algodão siliconizado ou plumante (para enchimento)
▼ Papel Paraná
▼ Linha de pipa nº 10

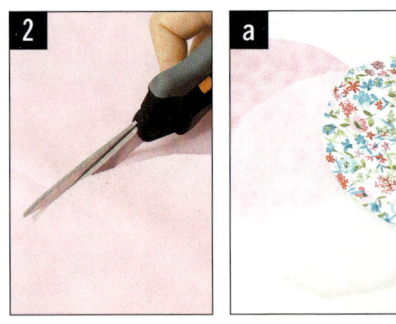

passo a passo

1. Transfira o molde circular da cesta (pág. 83) para o tecido liso, o estampado e a manta acrílica.

2 e a. Utilize a tesoura (reservada para tecidos) para recortar, com cuidado, as 3 partes.

3. Em papel à parte, transfira o molde do miolo central (pág. 83). Coloque-o sobre o tecido liso e recorte.

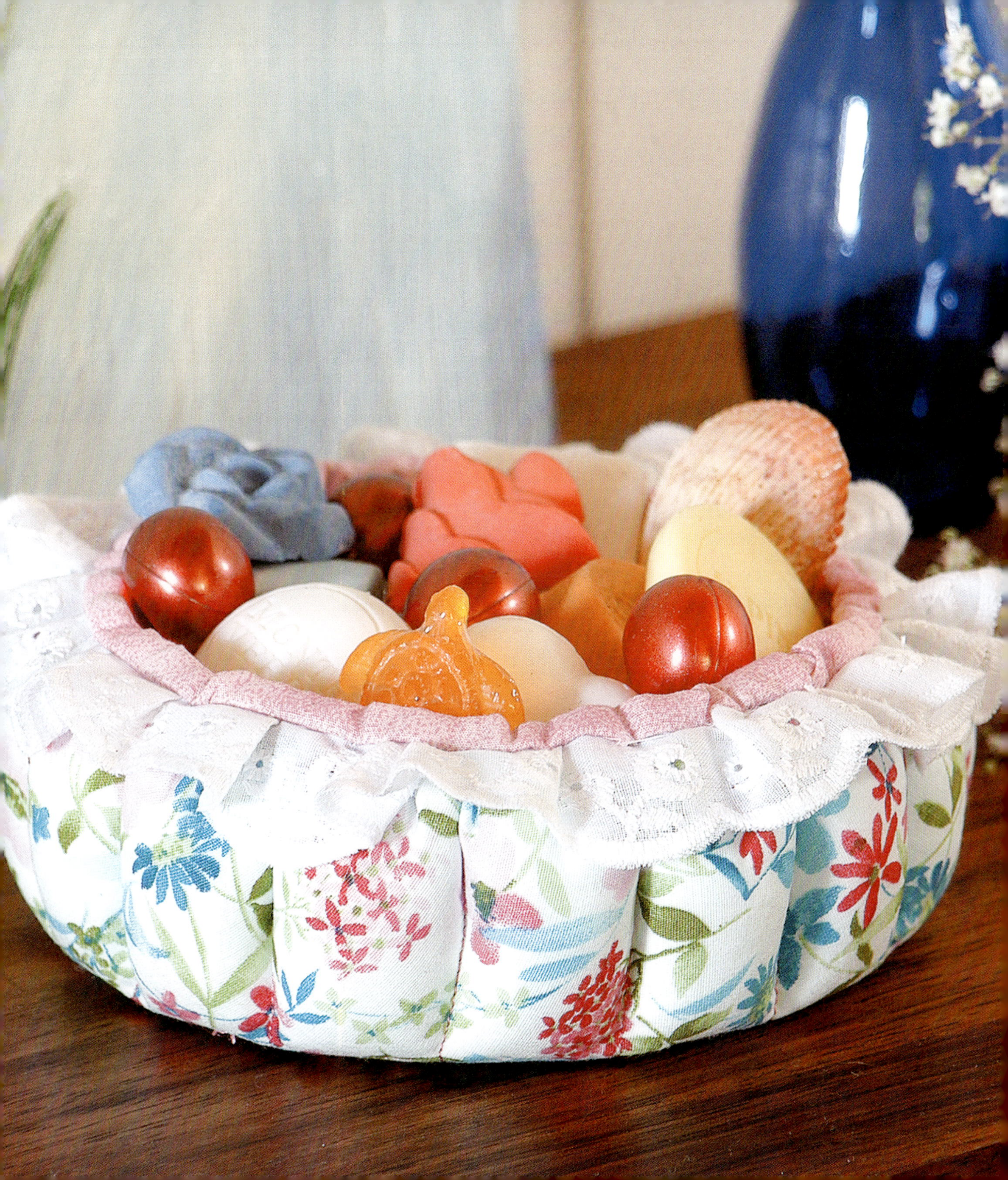

4. Não se esqueça de transferir também a parte quadriculada do miolo e os gomos das laterais.

5. Monte um sanduíche, colocando o tecido estampado, a manta e o tecido liso – com os riscos virados para cima.

6. Use a agulha para alinhavar o trabalho na horizontal, diagonal e também na vertical, para que o sanduíche fique bem preso.

7. Leve o trabalho para a máquina e faça uma costura por cima de todos os riscos feitos no tecido liso.

8. Recorte as bordas do círculo para retirar os excessos de tecido.

9. Delicadamente, preencha os gomos, com o plumante entre o tecido liso e a manta acrílica de maneira que fique firme.

10. Ao preencher cada gomo, use alfinetes para prendê-los.

11. Com a linha de pipa, vá fechando todos os gomos e dando o formato característico à peça.

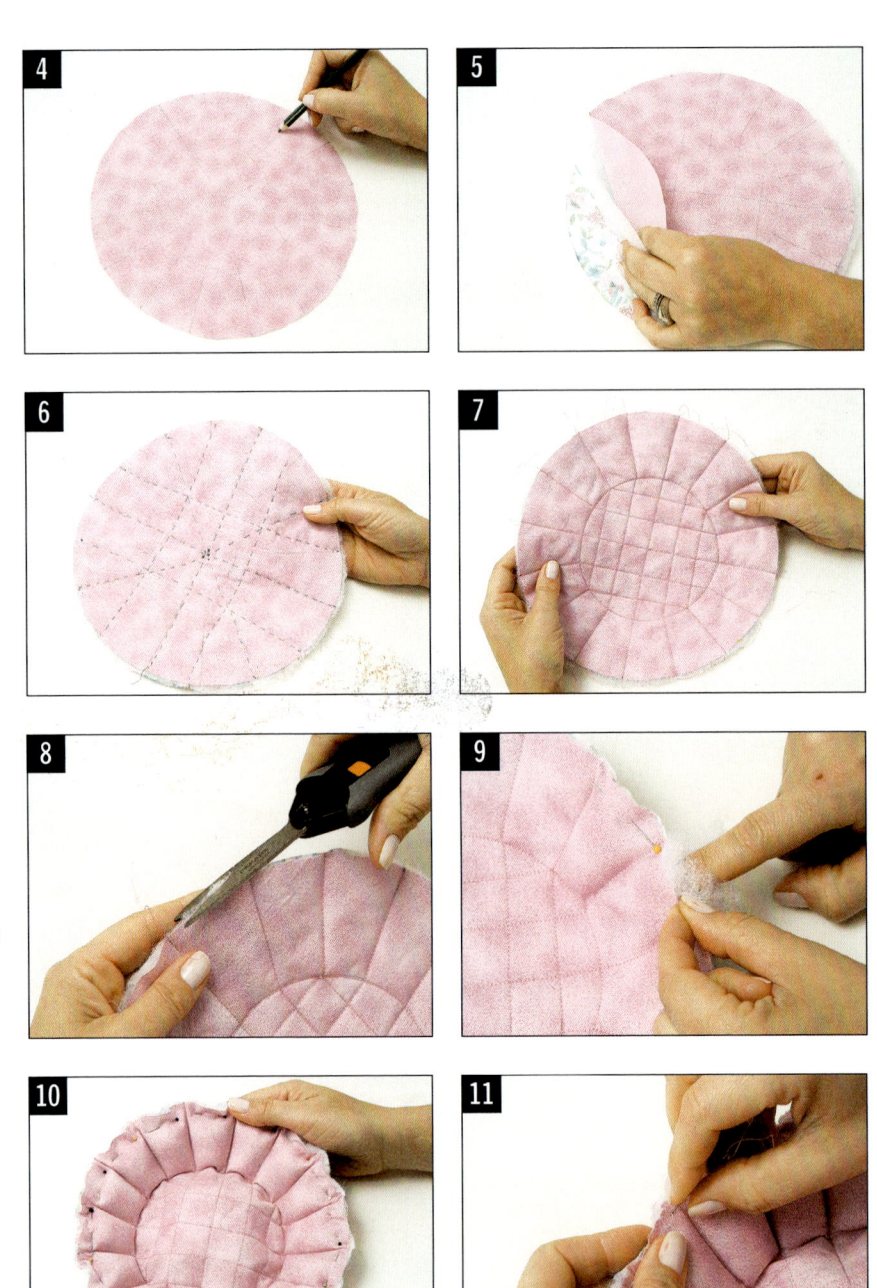

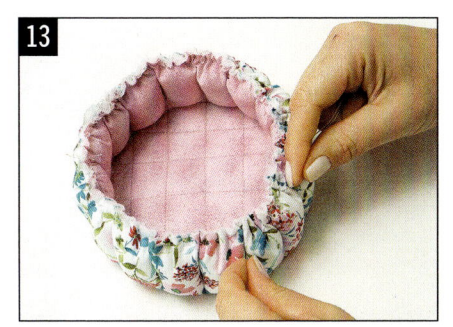

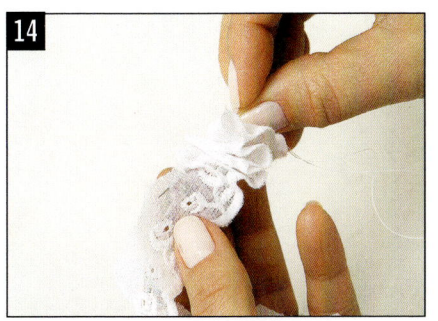

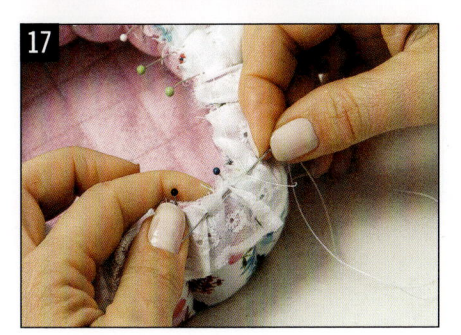

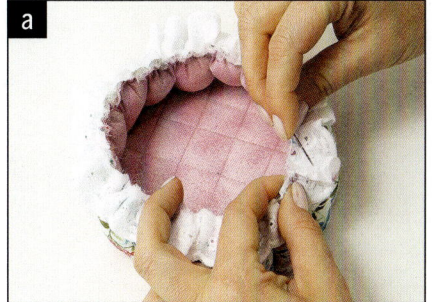

12. Terminada a costura, faça o nó com algumas laçadas para ficar bem firme.

13. Puxe as sobras da linha para deixar a cesta mais fechada e redonda. Ao puxar, ajeite-a com as mãos para não ficar torta.

14 e a. Use 80 cm de renda ou bordado inglês para dar acabamento à peça. Alinhave e puxe a linha para franzir.

15. Coloque a renda na borda da cesta e prenda com alfinetes.

16. Para arrumar o franzido do bordado na cesta, basta puxá-lo.

17 e a. Coloque na agulha a mesma linha que está franzindo a rendinha para costurar o detalhe em toda a borda da cesta.

18. Transfira o molde do miolo do círculo para o tecido estampado, manta e papel Paraná. Corte todas as peças, lembrando de que o tecido precisa ser cortado com 1 cm a mais.

19. Em seguida, monte um sanduíche com o papel, a manta e o tecido.

20. Use a linha de pipa para alinhavar a borda do tecido deste sanduíche. Depois, puxe bem a linha e arremate.

21 e a. Insira o fundo na parte interna da cesta. Se preferir, faça este procedimento antes de fechar a cesta, como mostramos no início do passo.

22. Corte uma faixa no tecido liso de 50 cm x 4,5 cm para dar acabamento na borda da cesta. Dobre as extremidades para o lado interno e, em seguida, toda a faixa ao meio.

23. Coloque a faixa por fora da borda da cesta, deixando a parte dobrada para fora. Costure-a com pequenos pontos à mão.

24 e a. Em seguida, dobre essa faixa de acabamento para a parte interna da cesta e prenda com pequenos pontos. Procure usar a linha na mesma cor do tecido.

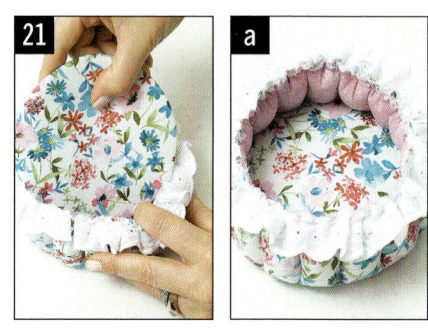

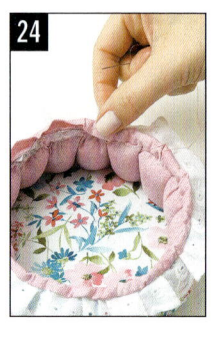

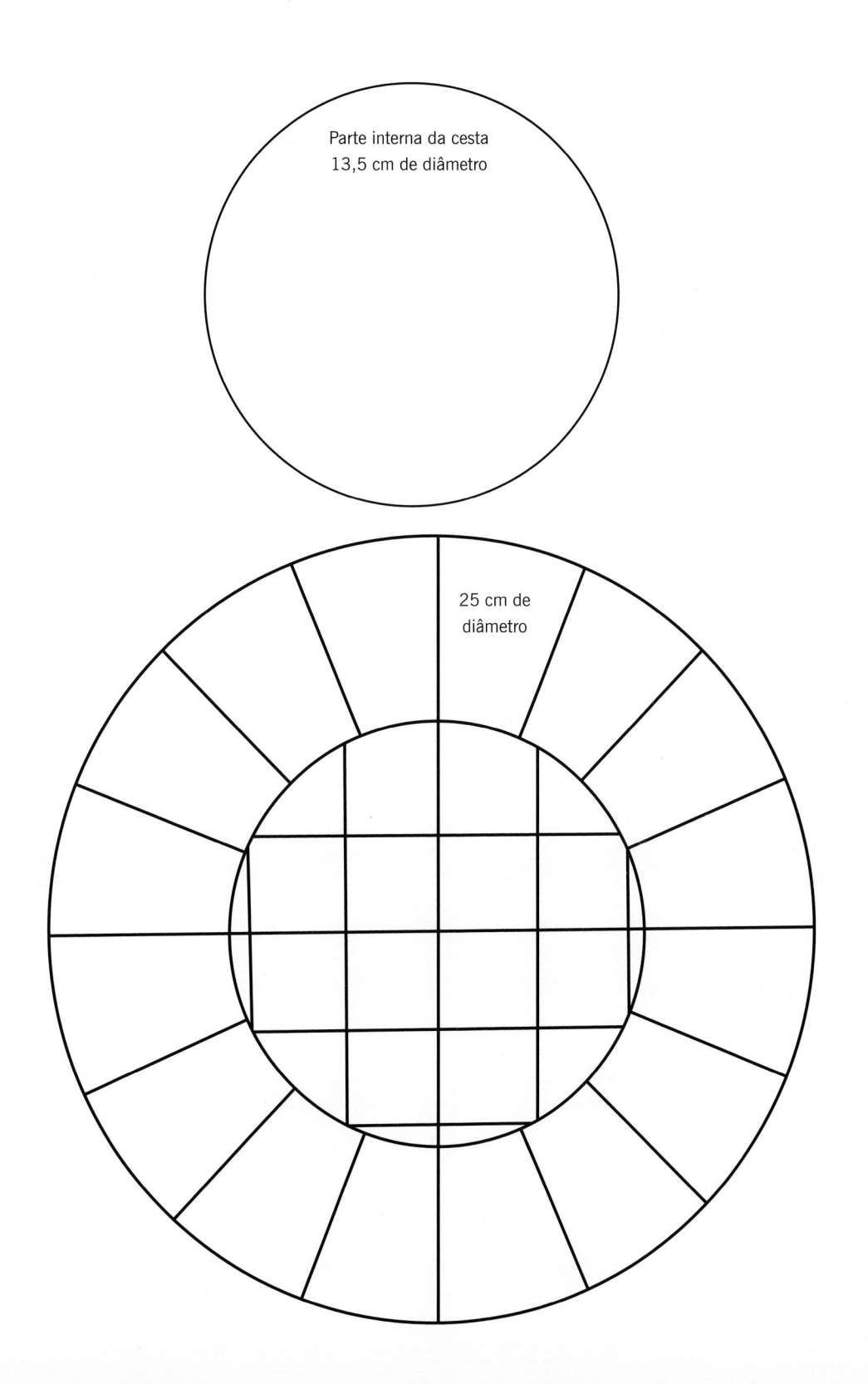

Parte interna da cesta
13,5 cm de diâmetro

25 cm de diâmetro

Cestinha de pães

material

- ▼ Material básico de patchwork
- ▼ 50 cm de tecido de algodão de 4 cores diferentes
- ▼ 60 cm de forrobel
- ▼ 60 cm de tecido de algodão para o forro
- ▼ 4 m de viés

passo a passo

1. Em cada tecido colorido, corte um quadrado de 55 cm x 55 cm, ou seja, corte 4 quadrados deste tamanho.

2 e a. Coloque um tecido sobre o outro e aleatoriamente faça 2 cortes, dividindo-os em 3 partes. Depois, separe todas as peças por cores, para continuar o trabalho.

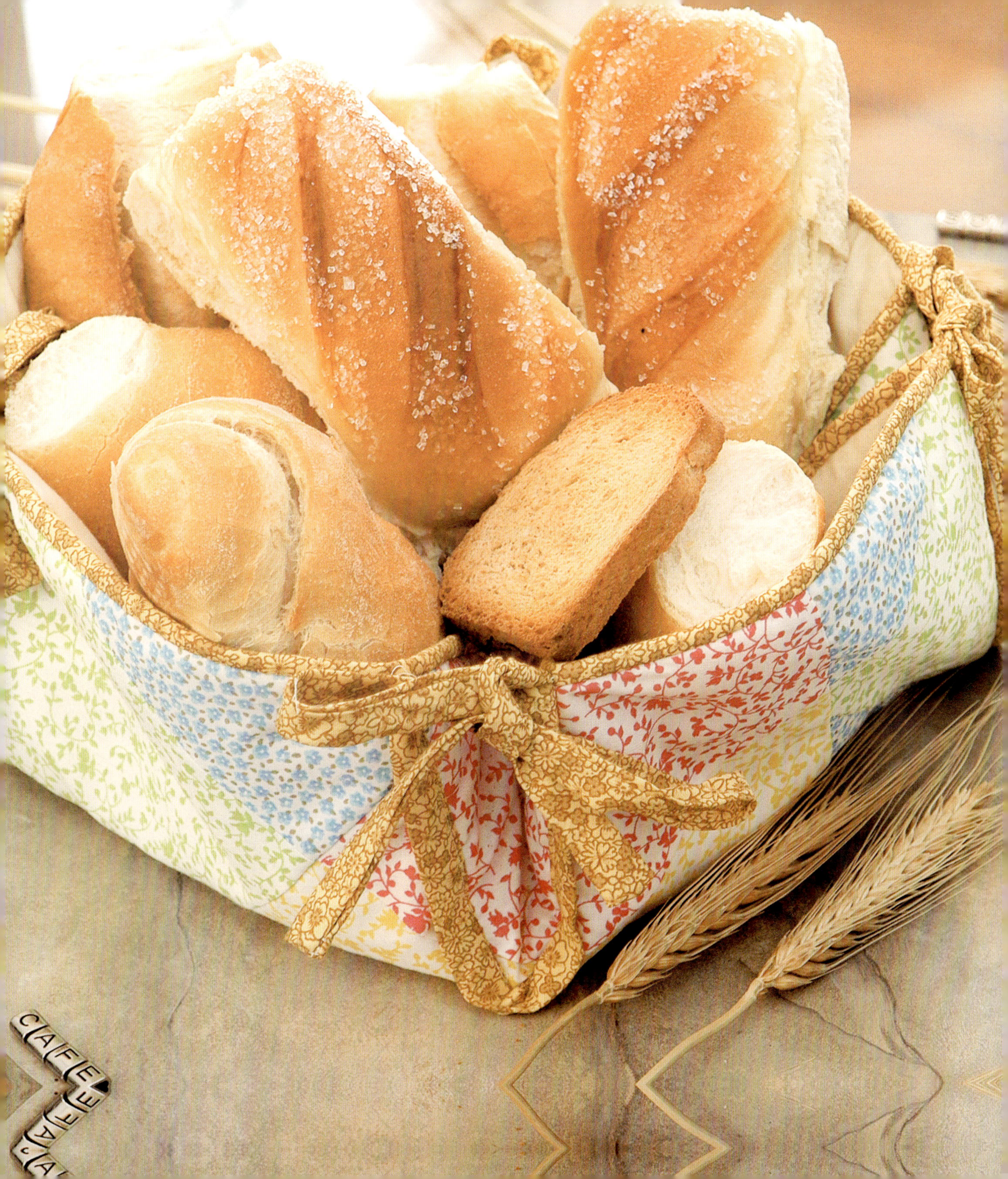
CAFE

3. Com cada parte dos 4 tecidos cortados, monte novos quadrados, alternando as cores e evitando que os tecidos se repitam em cada um deles.

4. Costure as 3 peças de cada quadrado, lembrando de tombar a costura para um lado.

5. Agora, coloque novamente um quadrado sobre o outro (procurando deixar as mesmas figuras para os mesmos lados) e faça 2 cortes aleatórios.

6. Separe as partes, forme novos quadrados, alternando as cores e costure.

7. Escolha um dos quadrados para recortá-lo em um círculo de 44 cm de diâmetro. Os 3 quadrados restantes vão sobrar, permitindo que você faça mais cestas ou outros trabalhos.

8. Corte o tecido do forro com o mesmo diâmetro e dobre-o duas vezes ao meio para vincar e marque com o lápis.

9. Em seguida, marque 13 cm de distância paralela a cada linha vincada, formando 4 quadrados centrais.

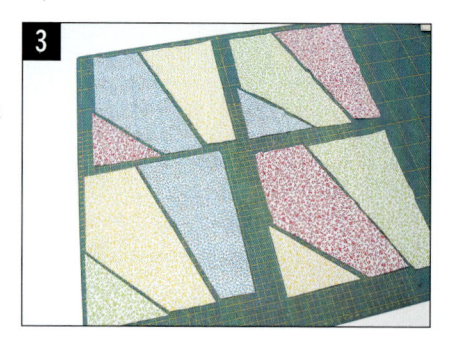

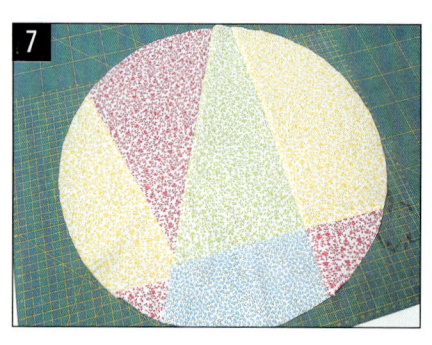

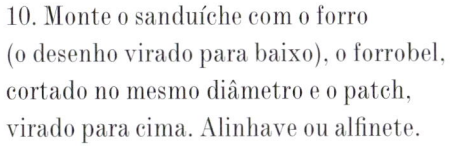

10. Monte o sanduíche com o forro (o desenho virado para baixo), o forrobel, cortado no mesmo diâmetro e o patch, virado para cima. Alinhave ou alfinete.

11. Pelo tecido do forro, costure sobre o quadrado maior.

12. Prenda o viés ao redor e costure.

13. Vire o viés para o outro lado e prenda com pequenos pontos à mão.

14 e a. Em cada triângulo formado nas extremidades, prenda o viés cortado no tamanho de 4 cm x 60 cm. Aqui, estamos mostrando pelo forro para melhor visualização.

15 e a. Com cada viés, faça um laço apertado para dar o formato à cesta.

Porta-treco

material

▼ Material básico de patchwork
▼ 15 cm de tecido de algodão estampado verde
▼ 15 cm de tecido de algodão estampado de bolinha
▼ 15 cm de manta acrílica
▼ Botões decorativos

passo a passo

1. No tecido estampado verde, transfira o molde retangular (pág. 93) 12 vezes.

2. No mesmo tecido, transfira 2 vezes o molde circular (pág. 93) do fundo.

3. Para a alça (pág. 93), transfira o molde 4 vezes.

4. Na manta acrílica, transfira 1 vez o molde circular para o fundo da bolsa (pág. 93), 2 vezes o molde da alça e 6 vezes o molde dos gomos da cesta (pág. 93).

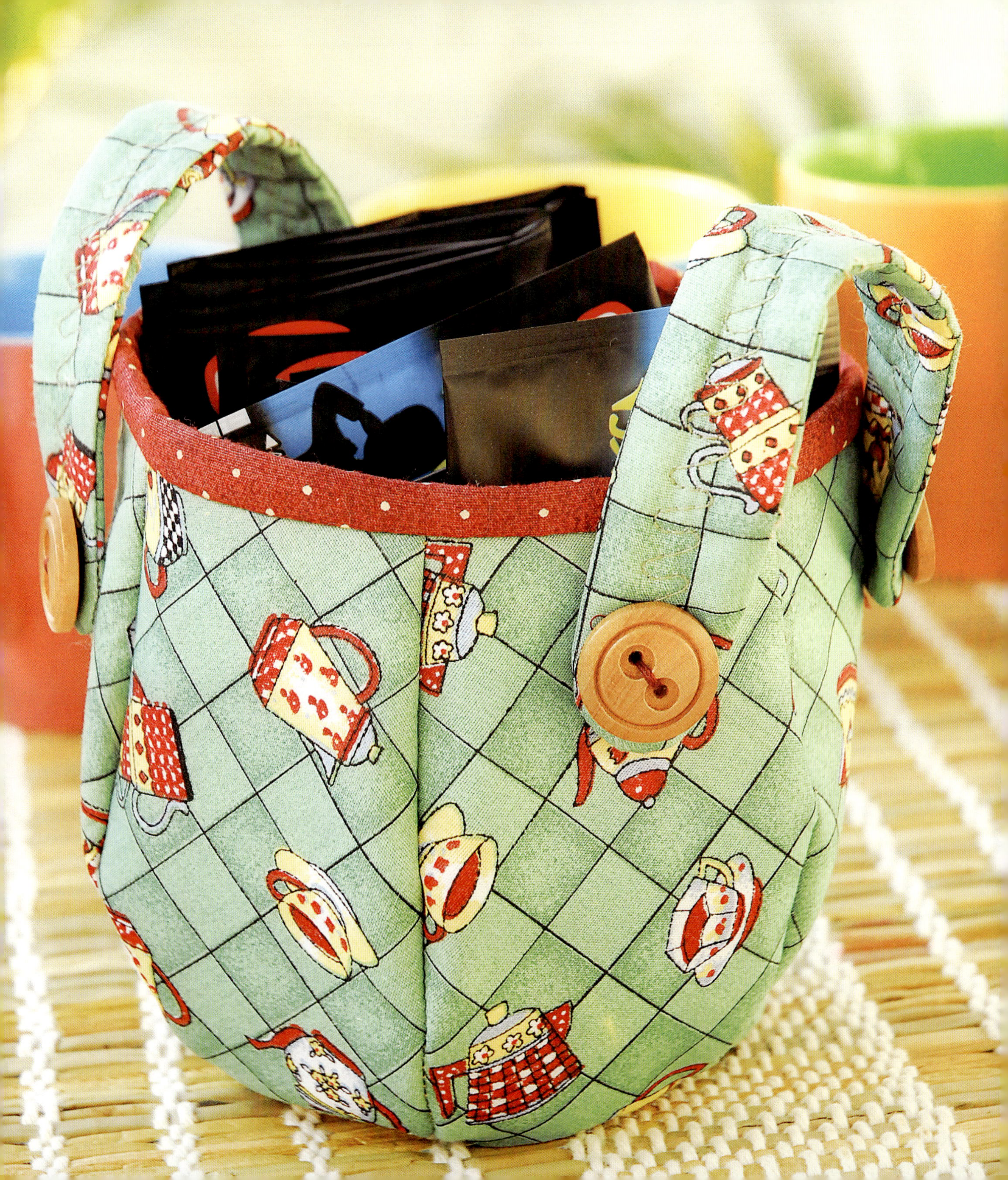

5 e a. Comece a montar o forro da cesta, alinhando as 2 peças retangulares, lado direito com direito. Alfinete e costure.

6. Desta maneira, costure mais 4 peças.

7 e a. Feche o círculo, costurando a primeira com a última peça para finalizar o forro da cesta. Vale lembrar que o lado maior é a parte superior.

8. Para fazer a cesta, posicione o tecido sobre a manta. Repita o passo no restante das peças.

9. Alfinete uma parte com a outra, lado direito com direito, tomando o cuidado de deixar os lados alinhados. Costure.

10. Faça o mesmo com o restante das peças para finalizar a cesta.

11. Feche o círculo, costurando a lateral da primeira peça com a lateral da última.

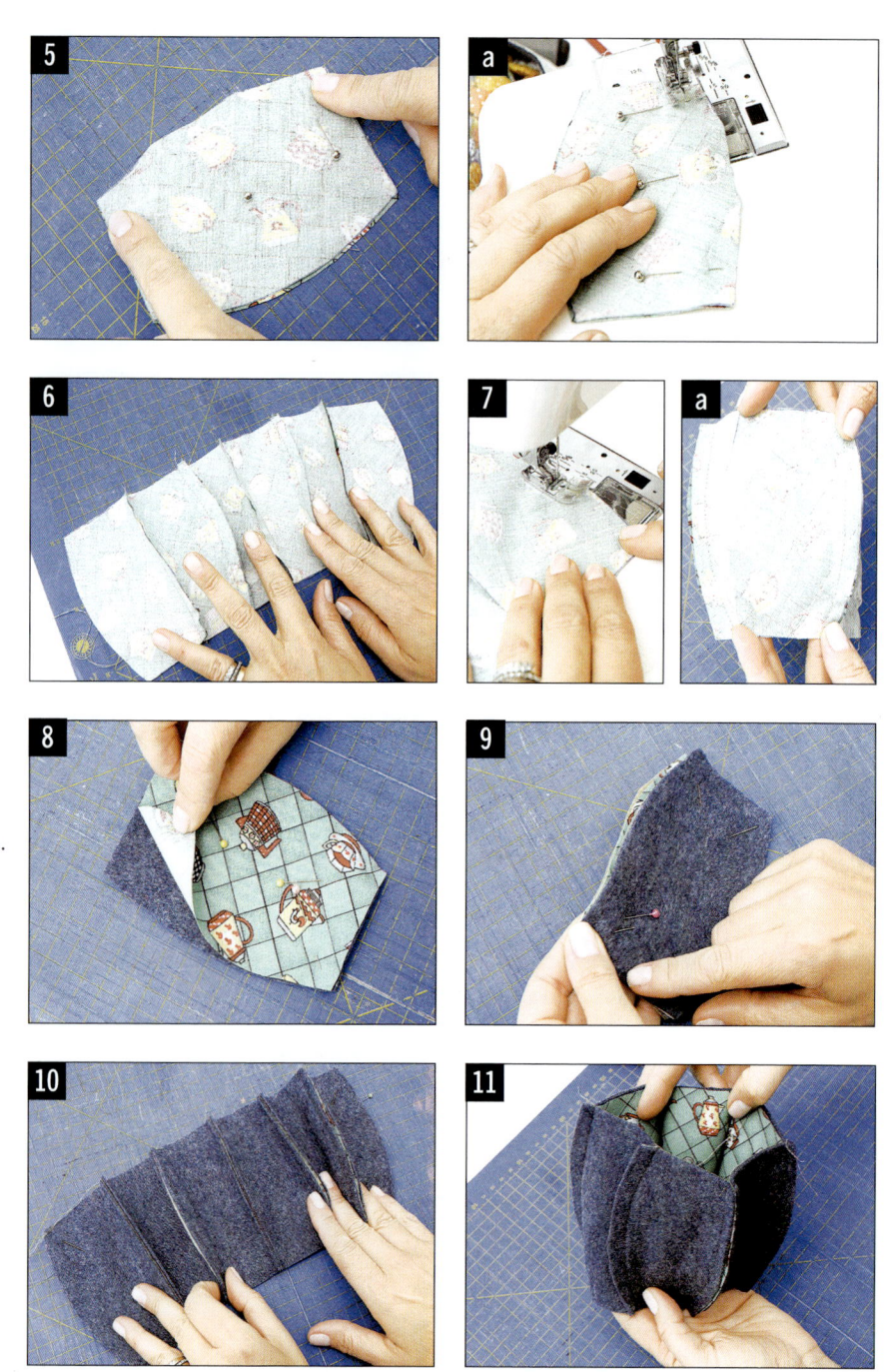

12 e a. Monte o fundo, colocando o tecido circular sobre a manta circular. Dobre o fundo e a peça ao meio e marque com alfinetes. Depois, prenda o fundo, alinhando os alfinetes e costure a volta.

13. Finalize o forro, costurando o fundo na peça, como foi ensinado no passo anterior.

14. Desvire a cesta e insira o forro.

15. Faça coincidir as costuras da cesta e do forro, alfinete toda a volta.

16. No tecido de bolinha, corte uma faixa de 5 cm de largura e dobre a ponta para dentro.

17. Depois, dobre a faixa de acabamento ao meio, lado direito com direito.

18. Alfinete a faixa ao redor da cesta com o lado da dobra virado para baixo.

91

19. Costure, vire a faixa para dentro e feche com pequenos pontos à mão.

20. Para a alça, coloque os dois tecidos, lado direito com direito, sobre a manta.

21. Costure toda a volta, deixando uma pequena abertura para desvirar a peça. Faça o mesmo com o outra alça.

22. Faça um quilt no centro da alça com algum ponto decorativo da sua máquina.

23. Posicione a alça nas laterais opostas da cesta e alfinete-as.

24. Para prender as alças, coloque um botão na ponta e costure.

25. Escolha tecidos bem diferentes e alegres para compor peças de arrasar!

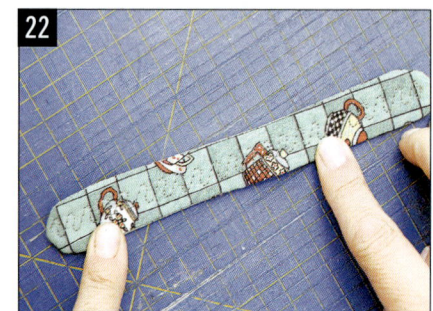

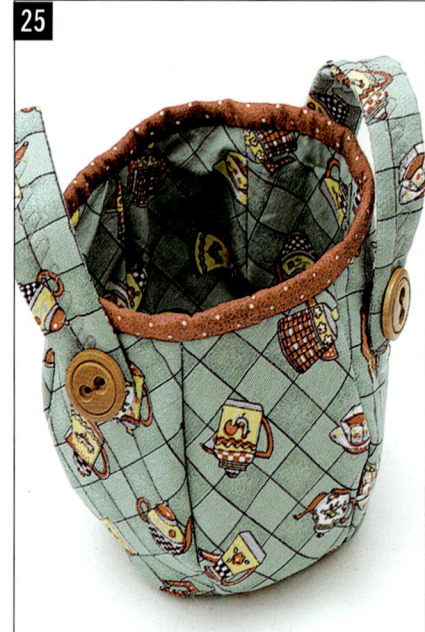

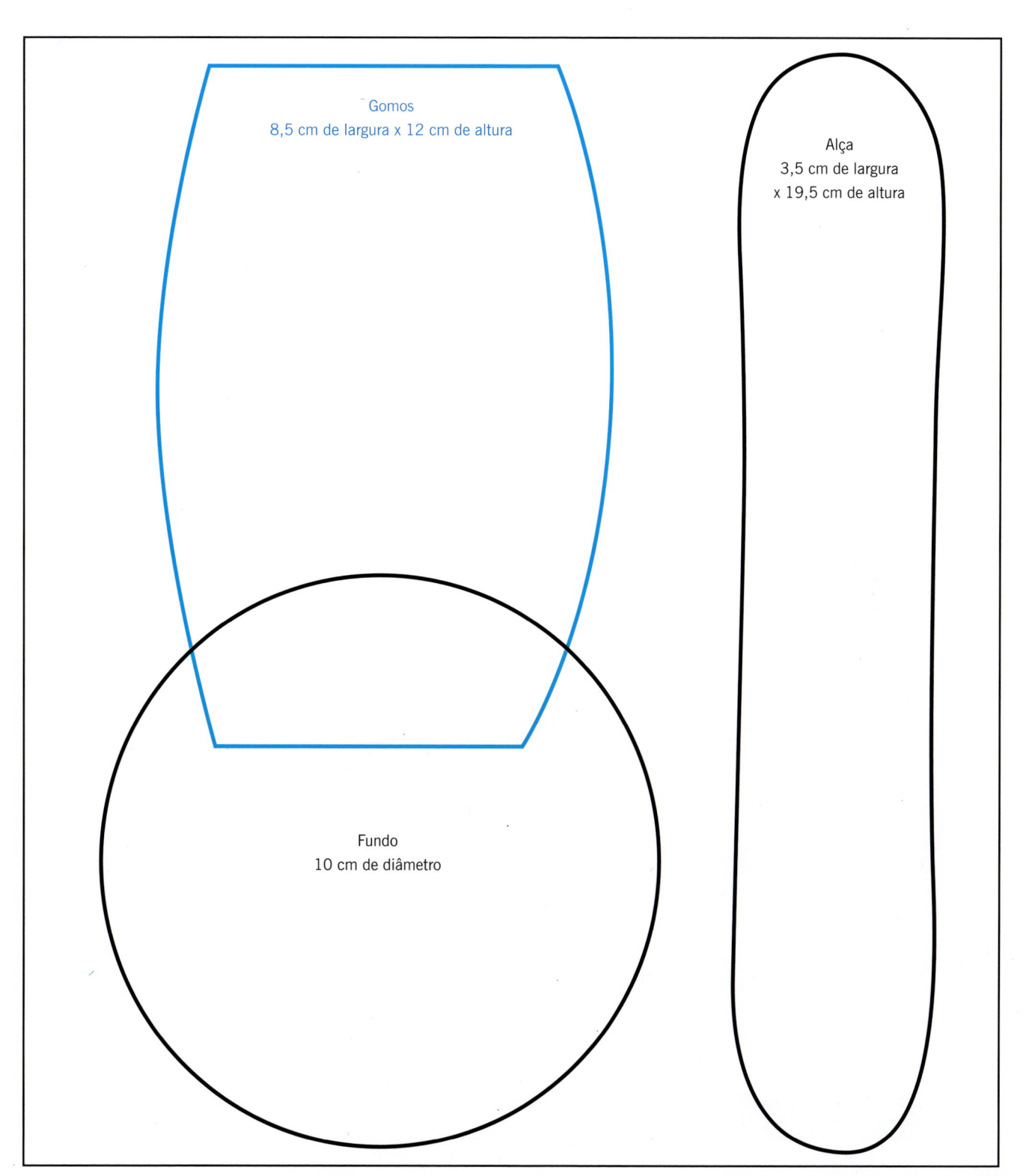

Gomos
8,5 cm de largura x 12 cm de altura

Alça
3,5 cm de largura
x 19,5 cm de altura

Fundo
10 cm de diâmetro

Capa para máquina de costura

material

▼ Material básico de patchwork
▼ Retalhos coloridos de tecido de algodão
▼ 70 cm de tecido de algodão xadrez
▼ 70 cm de tecido de algodão floral
▼ 70 cm de flanela
▼ Papel termocolante lite
▼ Botões
▼ Fuxicos

passo a passo

1 e a. Antes de começar o trabalho, tire a medida da largura e toda a volta da máquina, usando a fita métrica. Esta peça que estamos ensinando tem 50 cm x 70 cm – medida padrão para capas. Se sua máquina for maior ou menor, confeccione a peça de acordo com o tamanho.

2. Do retalho de algodão amarelo, corte uma faixa de 11,5 cm – sempre que cortar um tecido, o mais indicado é retirar uma faixa para não estragar a peça.

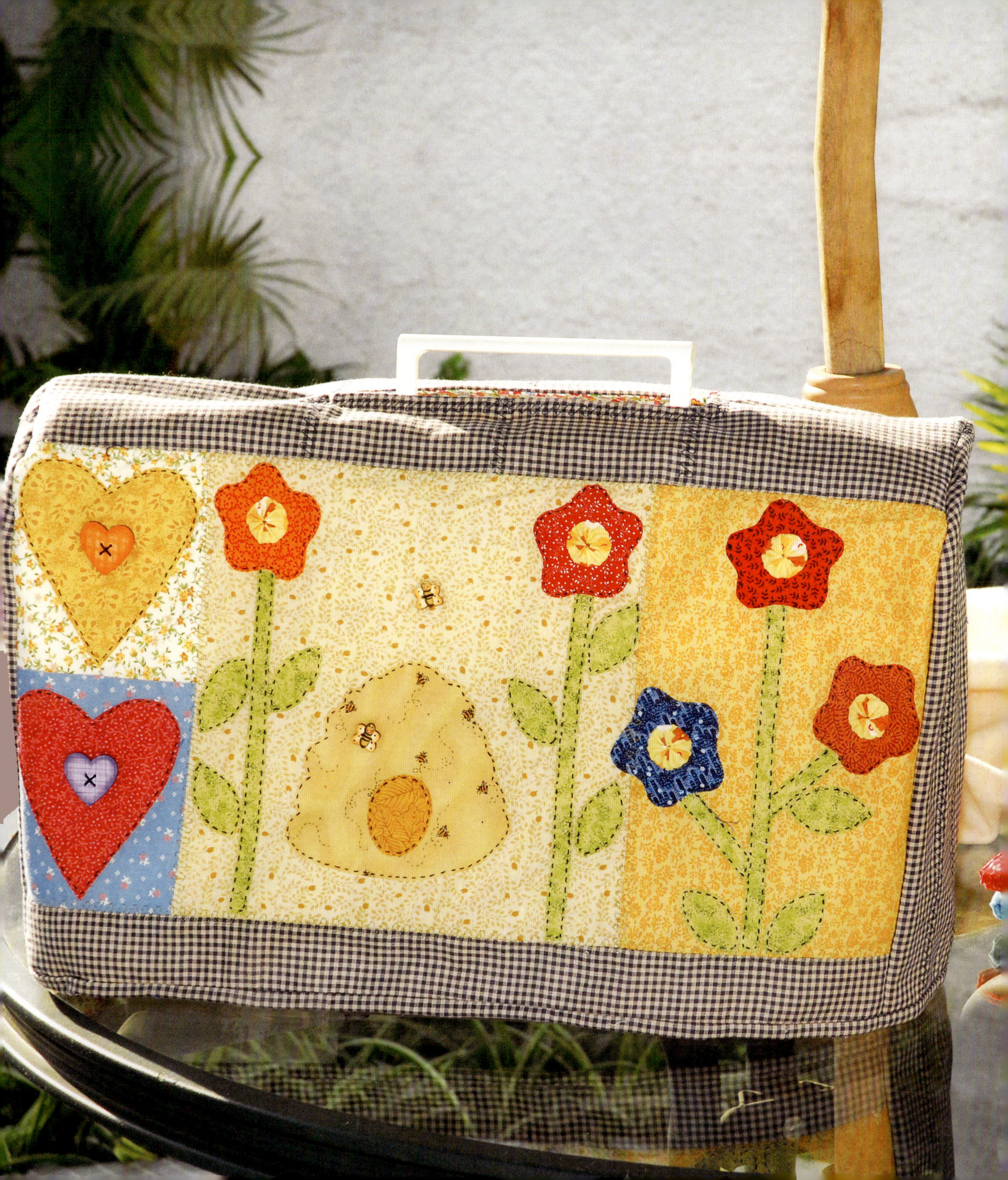

3 e a. Assim como mostramos na dica (pág. 14) passo a passo, acerte as bordas do tecido. Depois, corte esta faixa com 13 cm de comprimento.

4. No tecido azul, corte 11,5 cm x 13,5 cm. No bege, 25 cm x 25 cm e no amarelo-escuro, 16,5 cm x 25 cm.

5. Junte os 2 retalhos menores, lado direito com direito, alfinete e costure.

6. Por regra, o pé de máquina é sempre a margem necessária da costura. Normalmente, sua medida é de 0,75 cm.

7. Ao costurar, passe os tecidos a ferro, tombando a costura para o lado mais escuro.

8. Agora, alfinete este pedaço na lateral do tecido bege e costure.

9. Por último, costure o tecido amarelo-escuro na outra lateral do tecido bege. Reserve.

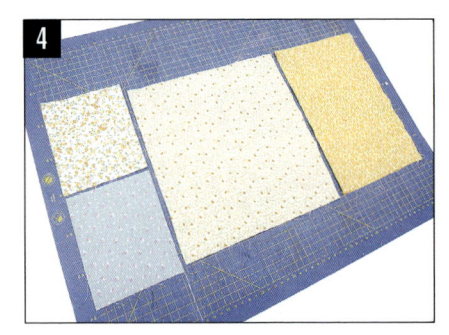

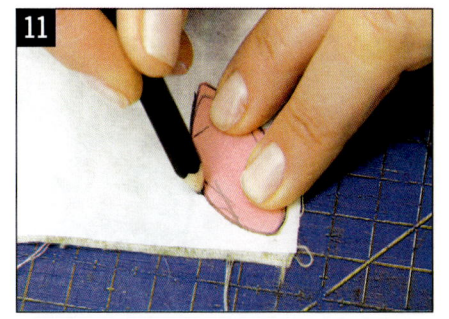

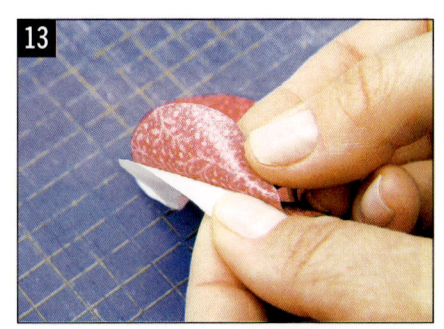

10. Para fazer as aplicações, coloque a parte rugosa do papel termocolante no avesso do retalho de tecido e passe a ferro para fixar.

11. Posicione o molde no papel, risque com o lápis e recorte.

12. Para cada detalhe, use uma cor diferente.

13. Retire o papel de todos os desenhos, cuja parte colante fica no avesso dos tecidos.

14. Posicione as peças sobre o patch, como mostra a foto. Em seguida, passe-as a ferro para fixar. Se preferir, use outros desenhos para decorar a capa.

15. Dê o acabamento nas aplicações, pespontando os contornos com a linha de bordar.

16. Use também botões de madeira, pregados com a linha de bordar – faça o detalhe diferente, passando a linha nas casas em forma de cruz.

17. Costure fuxicos nos miolos das flores ou use modelos diferentes de botões.

18. Agora, costure na parte inferior do trabalho, uma faixa xadrez de 5 cm x 50 cm.

19. Na parte superior, costure um retângulo xadrez de 50 cm x 43 cm.

20. Coloque o trabalho sobre a flanela e corte-a com 2 cm a mais.

21. Use o ponto decorativo da sua máquina para quiltar o comprimento da faixa xadrez e as emendas do patch.

22. Para o forro, corte o tecido floral com 50 cm x 70 cm. Dobre-o ao meio e marque uma margem de 17 cm.

23. A partir desta marca, faça um risco central de 19 cm de comprimento que será o espaço para encaixar a alça da máquina.

24. No risco de 19 cm, faça uma margem de 0,5 cm para baixo.

25. Deixe o tecido dobrado para facilitar o corte deste risco de 19 cm.

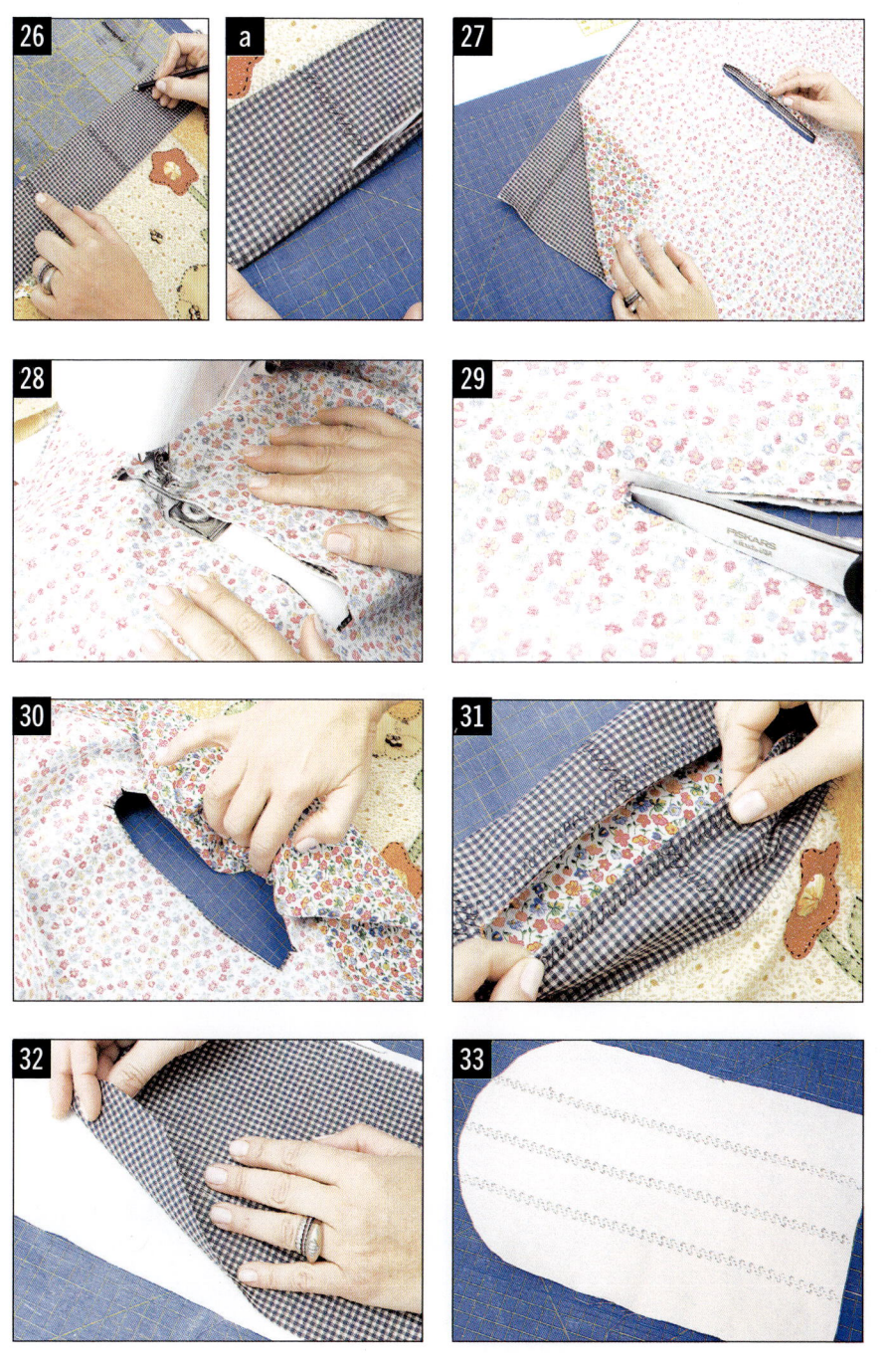

26 e a. Dobre a capa ao meio e faça a mesma marcação ensinada nos passos anteriores.

27. Coloque o lado direito do tecido floral com o direito do trabalho, alinhando as aberturas.

28. Alfinete e costure apenas ao redor da abertura.

29. Nos cantos desta abertura, faça cortes na diagonal.

30. Pegue o tecido do forro e passe-o por dentro da abertura para desvirar a peça.

31. Depois de ajeitar os tecidos, rebata a costura ao redor da abertura para dar acabamento.

32. Corte o molde da lateral (pág. 101), 2 vezes no xadrez e 2 vezes no feltro. Junte uma parte de cada.

33. Com o ponto decorativo da máquina, quilte (costure) linhas paralelas.

34. Dobre a capa ao meio para marcar o centro com o alfinete.

35. Dobre também as laterais da capa ao meio, pelo sentido do comprimento, e marque com o alfinete.

36. Junte a peça com a lateral, alinhando as marcas feitas com o alfinete e deixando livre o forro.

37. Em seguida, costure toda a volta da lateral.

38. Corte o molde da lateral 2 vezes no tecido do forro e monte esta parte interna da mesma maneira. Depois, é só arrumar o forro dentro da capa.

39. Para dar acabamento ao redor da capa, corte o tecido xadrez com 5 cm x 50 cm. Dobre ao meio, lado direito com direito, e vinque a ferro.

40. Posicione a faixa em toda a volta inferior da peça com o lado da dobra para dentro. Costure, vire e feche com pequenos pontos à mão.

41. Para fazer as aplicações, não deixe de reaproveitar seus tecidos!

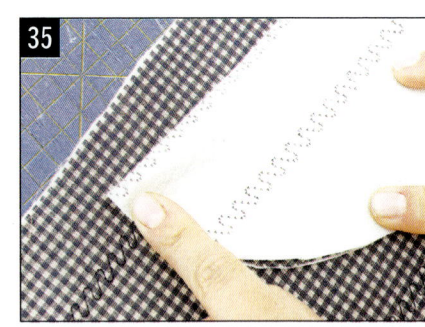

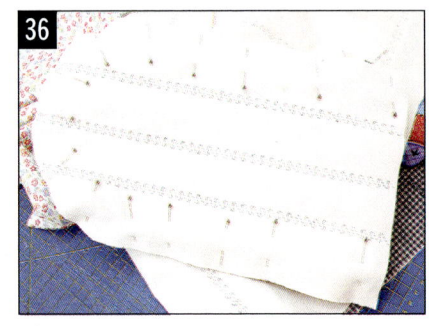

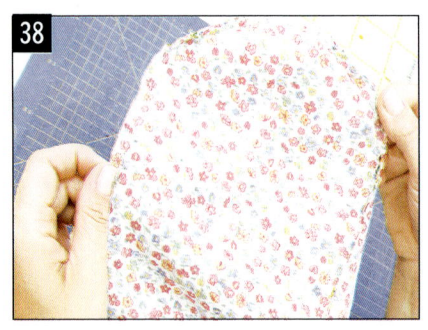

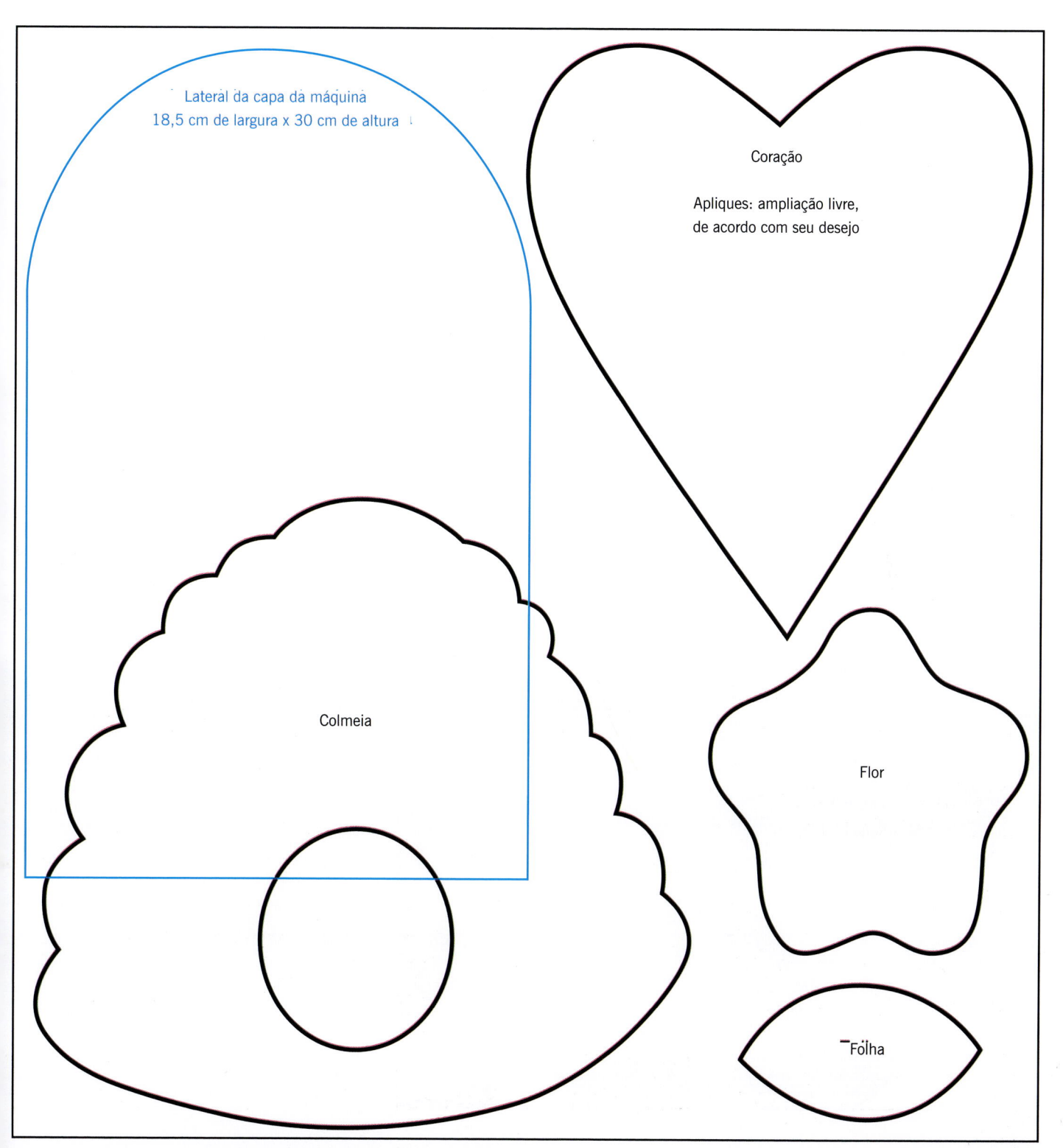

Lateral da capa da máquina
18,5 cm de largura x 30 cm de altura

Coração

Apliques: ampliação livre, de acordo com seu desejo

Colmeia

Flor

Folha

101

Porta-joias

material

- ▼ Material básico de patchwork
- ▼ 3 cores diferentes de tecido de algodão com 4 cm cada
- ▼ 18 cm de tecido de algodão (forro)
- ▼ 18 cm de manta acrílica
- ▼ 20 cm de tecido de algodão bege-claro
- ▼ Botão de cerâmica
- ▼ 8 cm de tecido de algodão branco
- ▼ 10 cm de tecido de algodão bege-escuro
- ▼ 12 cm de cordão encerado caramelo
- ▼ 50 cm de cordão encerado azul-marinho
- ▼ 1 argolinha de metal (chaveiro)
- ▼ 1 colchete
- ▼ Plumante

passo a passo

1. Corte as 3 faixas de 4 cm com 60 cm de comprimento.

2. Una 2 faixas, lado direito com direito, e costure. Depois, costure a terceira faixa – sempre pelo comprimento do tecido.

3. Use a fita métrica ou a régua para medir a lateral menor. É com esta mesma medida que você irá cortar as faixas unidas.

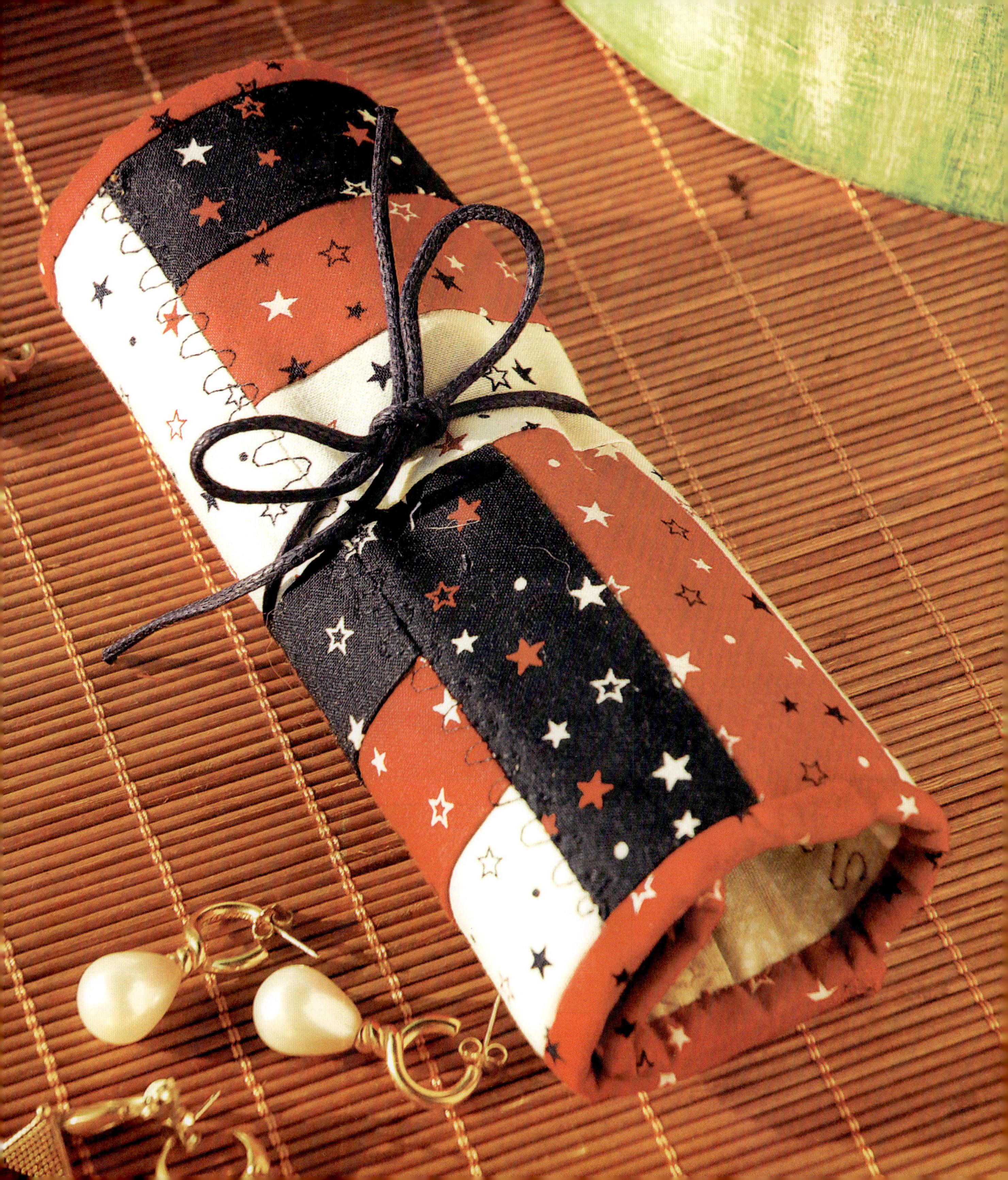

4. No total, são 6 peças cortadas para este trabalho.

5. Prenda as peças de 2 em 2, intercalando as cores.

6. Tome cuidado para que as cores fiquem em uma sequência, como se fossem uma escada.

7. Corte a manta um pouco maior e coloque o trabalho por cima.

8. Em seguida, costure sobre as linhas com o ponto decorativo da máquina de costura.

9. Para o bolso maior, corte o tecido bege-escuro com 8 cm x 17 cm. Dobre ao meio e rebata a costura sobre esta dobra.

10. Corte o tecido bege-claro com 25 cm x 17 cm para o fundo da peça e posicione o bolso de 8 cm no lado inferior, deixando a parte da costura para cima.

11. Para o bolso menor, corte o tecido bege-claro com 17 cm x 13 cm. Dobre ao meio, rebata a costura e posicione no lado superior do fundo. Faça o mesmo no tecido branco com 8 cm x 17 cm e coloque-o sobre o bolso menor com a dobra para baixo.

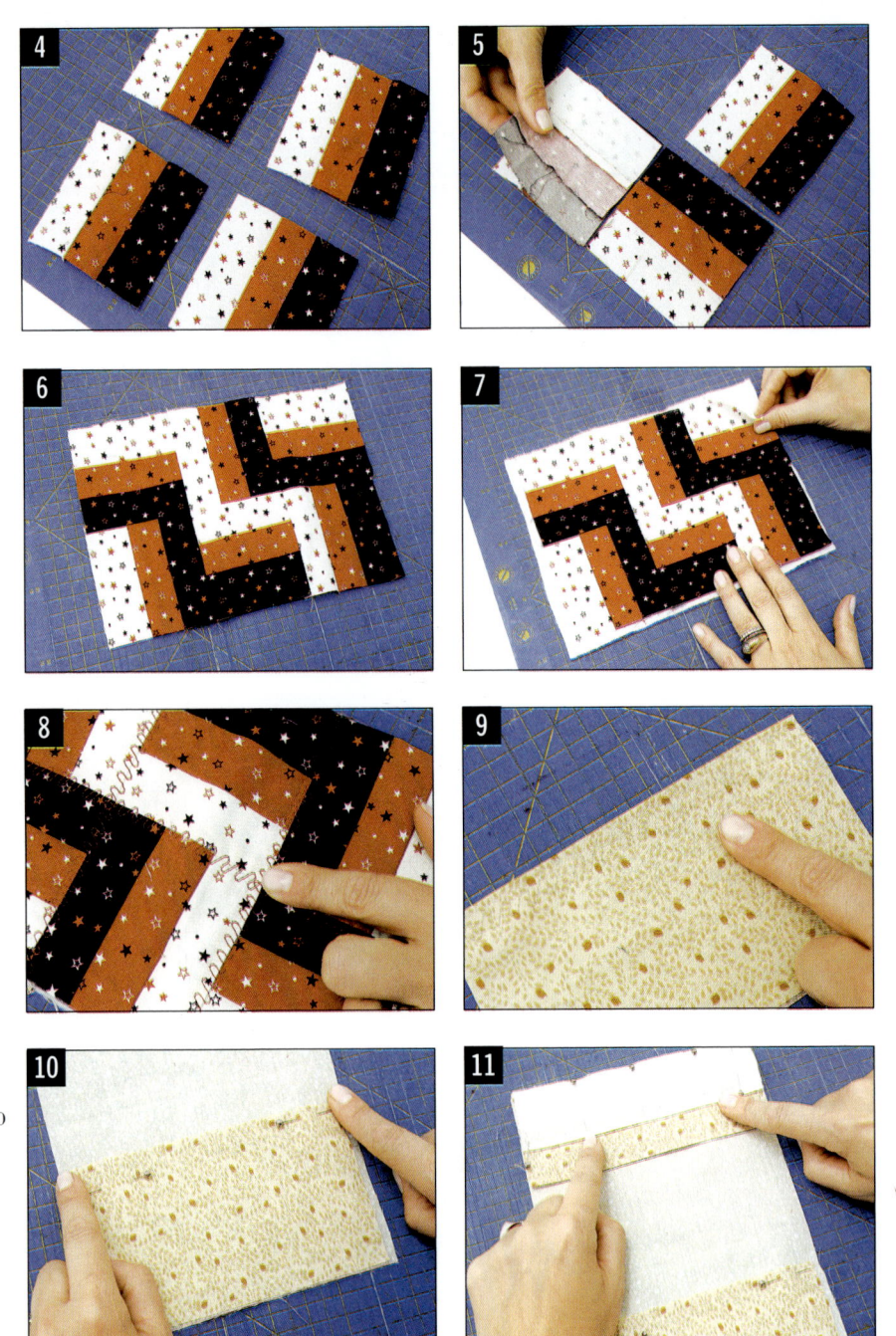

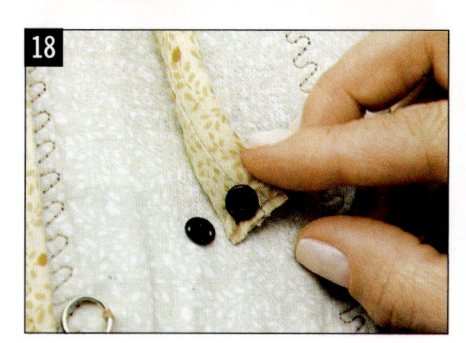

12. Divida o bolso branco em 3 partes iguais e faça a costura vertical até a sua borda.

13. Para a aneleira, corte o tecido bege-escuro com 15 cm x 5 cm. Dobre ao meio, direito com direito, e costure os 3 lados.

14. Desvire, preencha com plumante e feche a abertura com pequenos pontos à mão.

15. Próximo à borda do bolso maior, coloque a ponta do cordão encerado caramelo e prenda-o com o botão.

16. Do outro lado, costure a argolinha com pequenos pontos. Depois, dê um nó com o cordão para formar o varal de colares.

17. Coloque a aneleira centralizada no espaço entre os bolsos e alfinete o lado inferior.

18. No lado superior, costure uma parte do colchete no fundo e a outra na aneleira.

19. Corte o tecido do forro no mesmo tamanho e monte o sanduíche: o patch, virado para baixo, o forro e o fundo virados para cima.

20. Dobre o cordão ao meio, coloque-o centralizado em um dos lados menores da peça e prenda com alfinete, pela dobra.

21. Para acabamento, corte uma faixa de 4,5 cm. Dobre a pontinha para dentro e toda a faixa ao meio.

22. Coloque a faixa de acabamento ao redor da peça, com o lado da dobra para dentro.

23. Ao chegar no canto, dobre a faixa para fora, formando um ângulo de 45 graus.

24. Depois, volte a faixa para a borda do trabalho.

25. Costure toda a volta. Vire a faixa para o outro lado e prenda com pequenos pontos à mão.

26 e a. Você tem a opção de aumentar as medidas das faixas para compor modelos maiores, diversificando ainda mais seu trabalho.

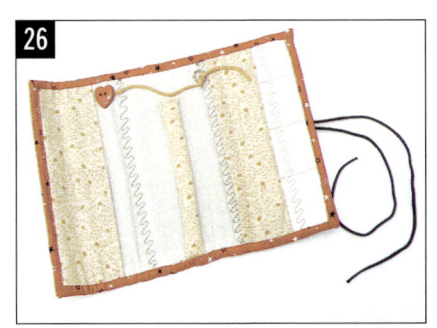

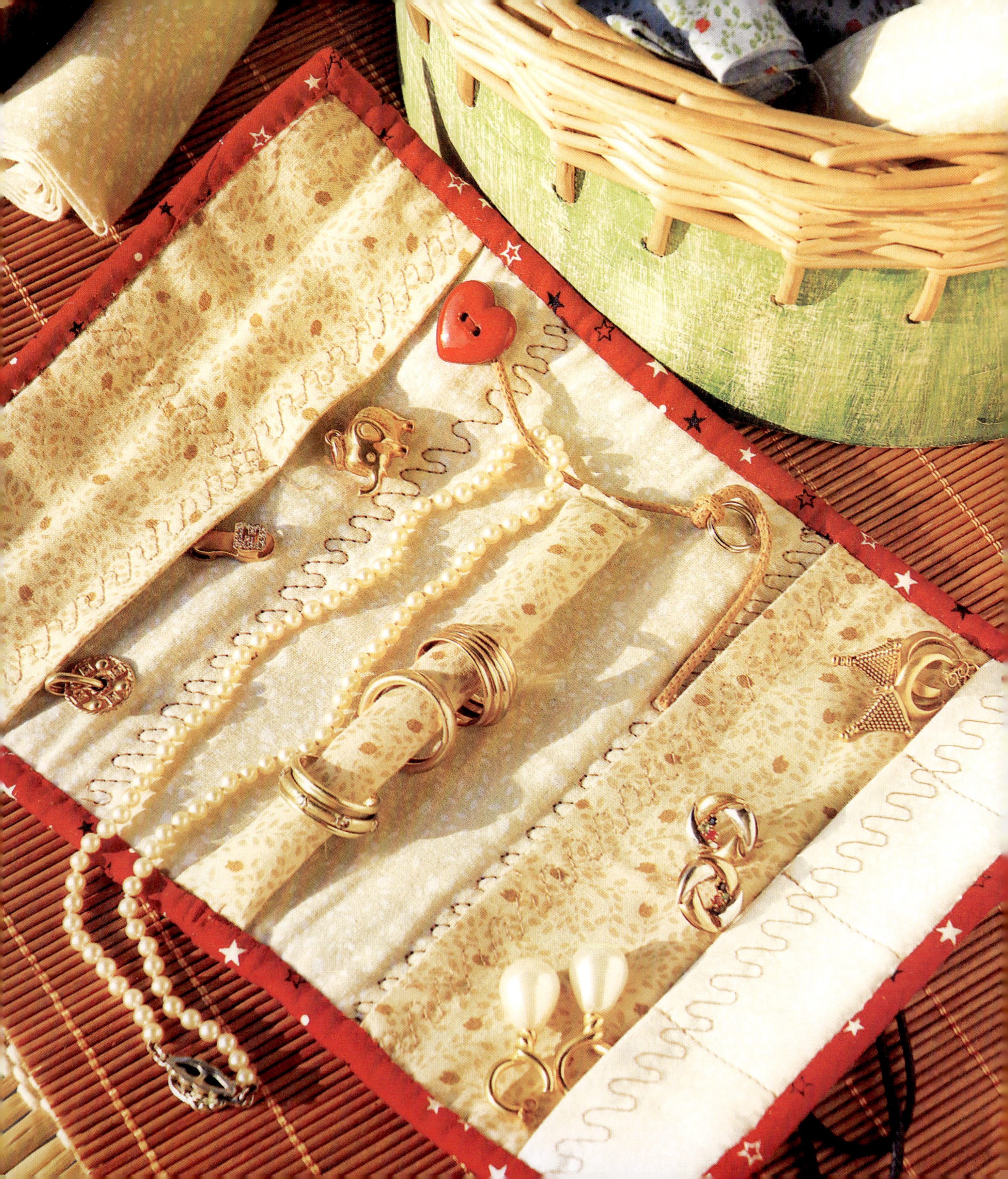

Almofada com fuxicos

material

▼ Material básico de patchwork
▼ 25 cm de tecido de algodão claro
▼ 25 cm de tecido de algodão estampado
▼ 25 cm de feltro
▼ Retalhos de tecidos para o fuxico
▼ Papel termocolante lite
▼ Miçanguinhas
▼ Botão decorado

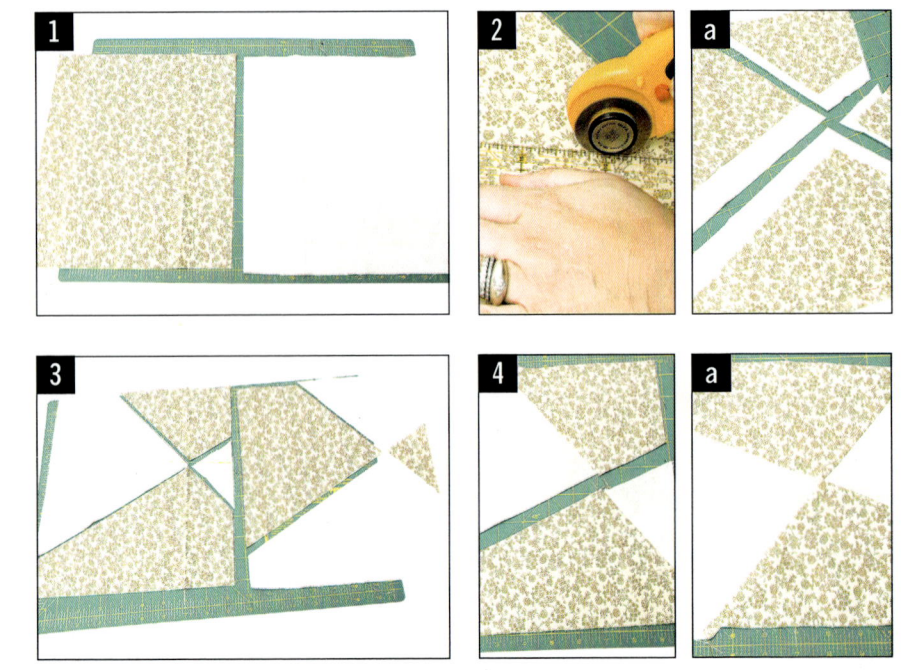

passo a passo

1. Corte uma vez o tecido estampado e claro na medida de 25 cm x 25 cm.

2 e a. Coloque uma peça sobre a outra e use o cortador circular para fazer dois cortes aleatórios em linhas diagonais, formando 4 partes. Não há necessidade de medida, basta cortar a olho, usando a régua como guia.

3. Agora, troque as peças, alternando as cores, para formar 2 novos blocos. Observe que, ao trocá-las, as partes se encaixam direitinho.

4 e a. Em seguida, costure 2 partes por vez de cada bloco para depois uni-las, formando um novo bloco.

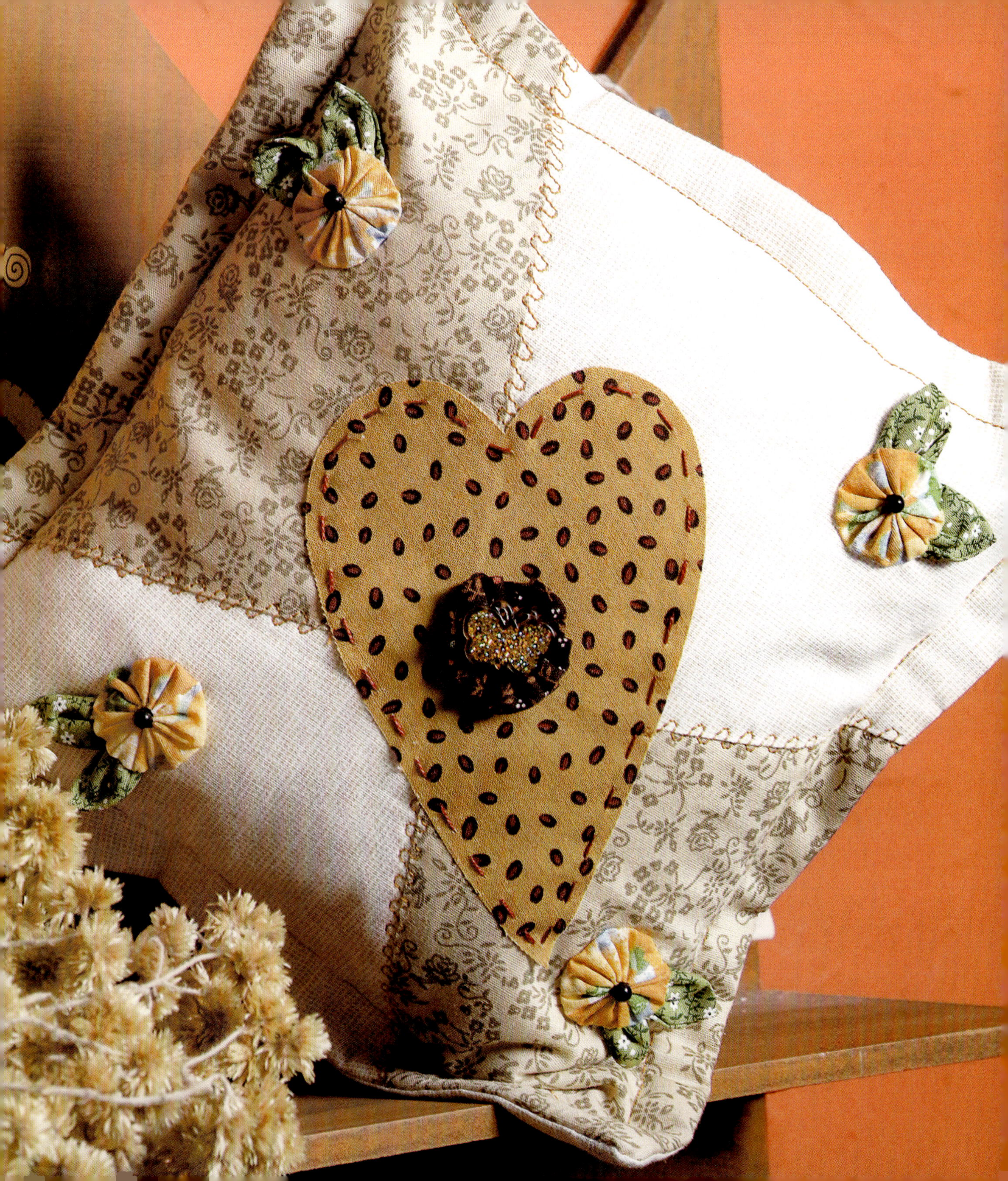

5. Acerte as bordas de cada bloco com a régua e o cortador sobre a base de corte, deixando com 23 cm x 23 cm.

6. Corte o feltro maior que o bloco e coloque-o por baixo. Faça as costuras nas emendas do bloco com o ponto decorativo da máquina. Depois, deixe a peça no tamanho de 23 cm x 23 cm.

7. Use o lápis para transferir o molde do coração (pág. 113) para o papel termocolante.

8. Coloque o avesso do tecido na parte rugosa do papel termocolante e passe a ferro para aderir. Depois, recorte o papel no formato riscado.

9. Em seguida, retire o papel protetor e posicione o coração no centro do bloco. Fixe a ferro, em temperatura morna, e por poucos segundos.

10. Use a linha de bordar para pespontar toda a volta do coração.

11. Para o verso da peça, corte o tecido claro com 23 cm x 20 cm e 23 cm x 10 cm. No lado de 23 cm de cada peça, dobre uma pequena bainha e costure. Reserve.

12. Para decorar a almofada, transfira e recorte o molde circular do fuxico (pág 113). Ao alinhavar toda a volta, faça uma pequena dobra para já dar o acabamento.

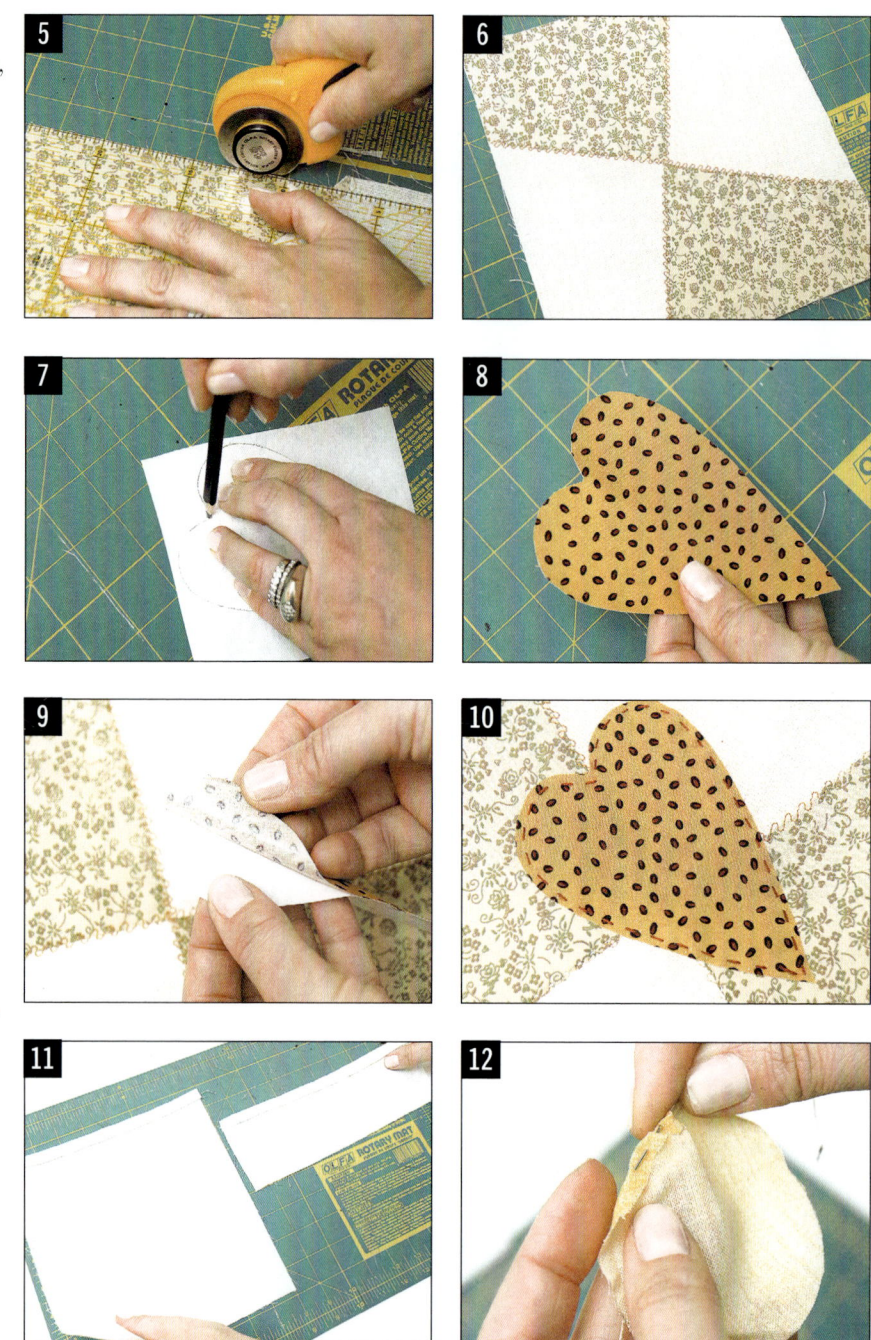

13. Ao terminar o alinhavo, puxe bem a linha para fechar o fuxico.

14. Faça o arremate no centro do fuxico com uma pequena laçada.

15. Passe novamente a agulha para o centro, insira a miçanga e prenda com um ponto.

16. No retalho verde, recorte o molde circular da folha (pág. 113) e dobre ao meio.

17. Dobre novamente ao meio e alinhave a parte arredondada com pequenos pontos.

18. Para arrematar, faça um ponto na lateral da folha.

19. Em seguida, costure os fuxicos pela almofada, como mostra a foto.

20. Para fazer a flor de fuxico enroladinha, corte o retalho marrom com 2,5 cm x 16 cm e dobre uma pequena bainha em cada extremidade da faixa.

111

21. Em seguida, dobre a faixa ao meio pelo sentido do comprimento.

22. Pela lateral aberta da faixa, alinhave toda a extensão da faixa com pequenos pontos.

23, a e b. Puxe a linha para franzir, junte as pontas para fechar a flor e dê alguns pontinhos para uni-las.

24. Em seguida, aplique um botão decorativo no fuxico e costure-o no centro do coração.

25. Agora, volte a montar a almofada com as partes do verso, posicionando a parte menor sobre a maior, de modo que as bainhas fiquem para dentro.

26. Costure toda a volta, desvire a almofada pela abertura do envelope e faça uma nova costura ao redor, distante um pé de máquina em relação à borda.

27. Por fim, basta colocar o enchimento na almofada.

12 cm

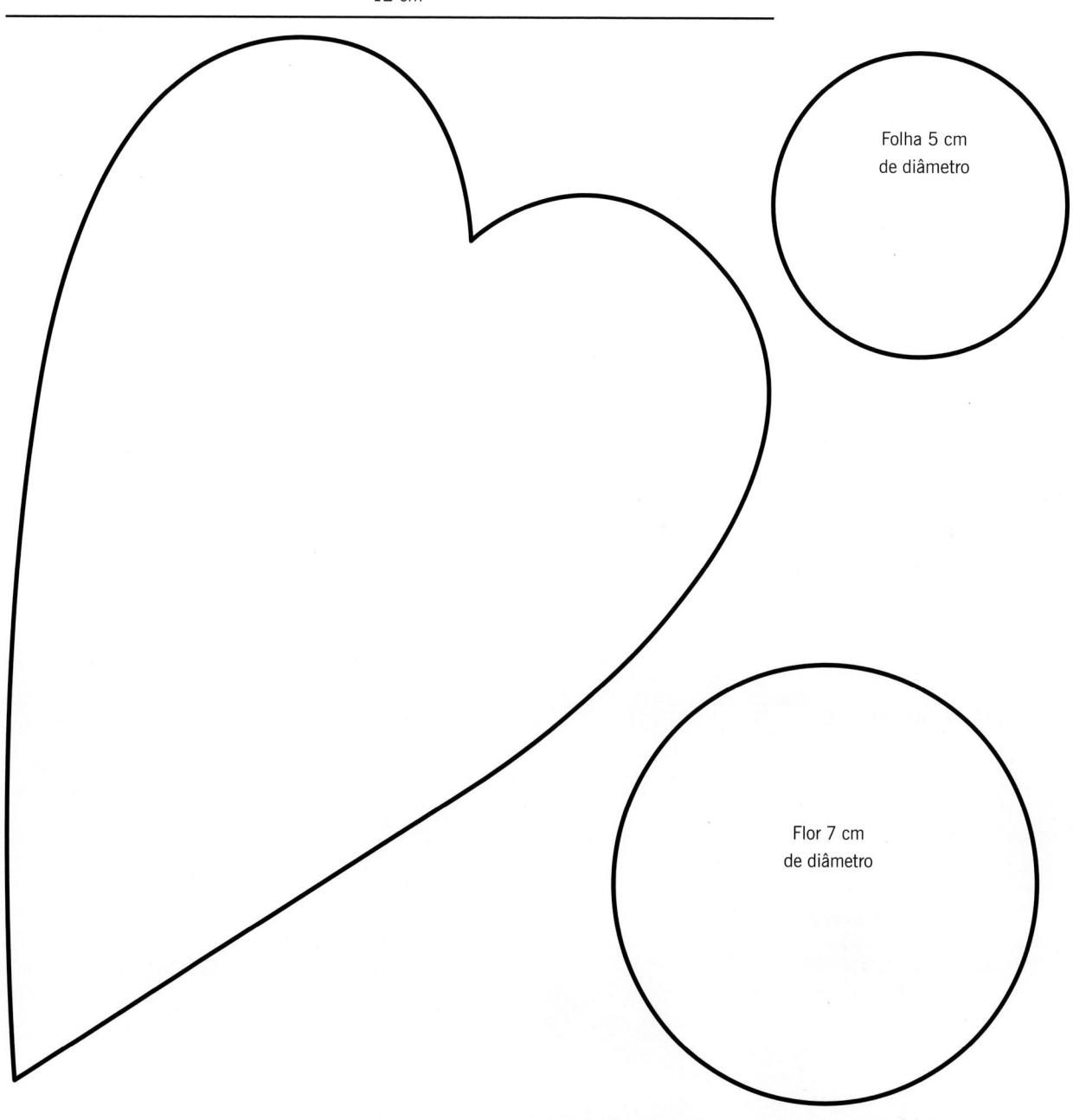

Folha 5 cm de diâmetro

Flor 7 cm de diâmetro

Lixeira para carro

material

- ▼ Material básico de patchwork
- ▼ 22 cm de tecido de algodão verde com bolinhas
- ▼ 5 cm de tecido de algodão branco
- ▼ Retalhos de tecido nas cores: verde, bege e marrom
- ▼ 1,20 cm de viés com 2 cm de largura
- ▼ Régua com degrau
- ▼ Papel vegetal

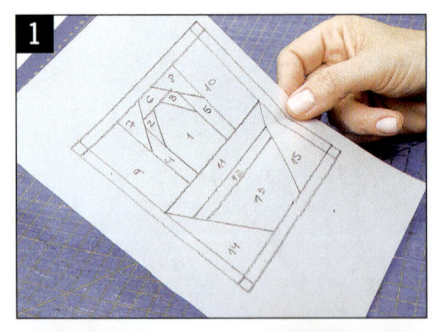

passo a passo

1. Transfira o molde do foundation (pág. 119) para o papel vegetal e numere as partes. Preste atenção para que o lado numerado fique virado de frente para você.

2. Use os retalhos de tecido um pouco maiores que os espaços numerados.

3. Coloque o avesso do tecido no avesso do papel sobre o número 1 e alfinete.

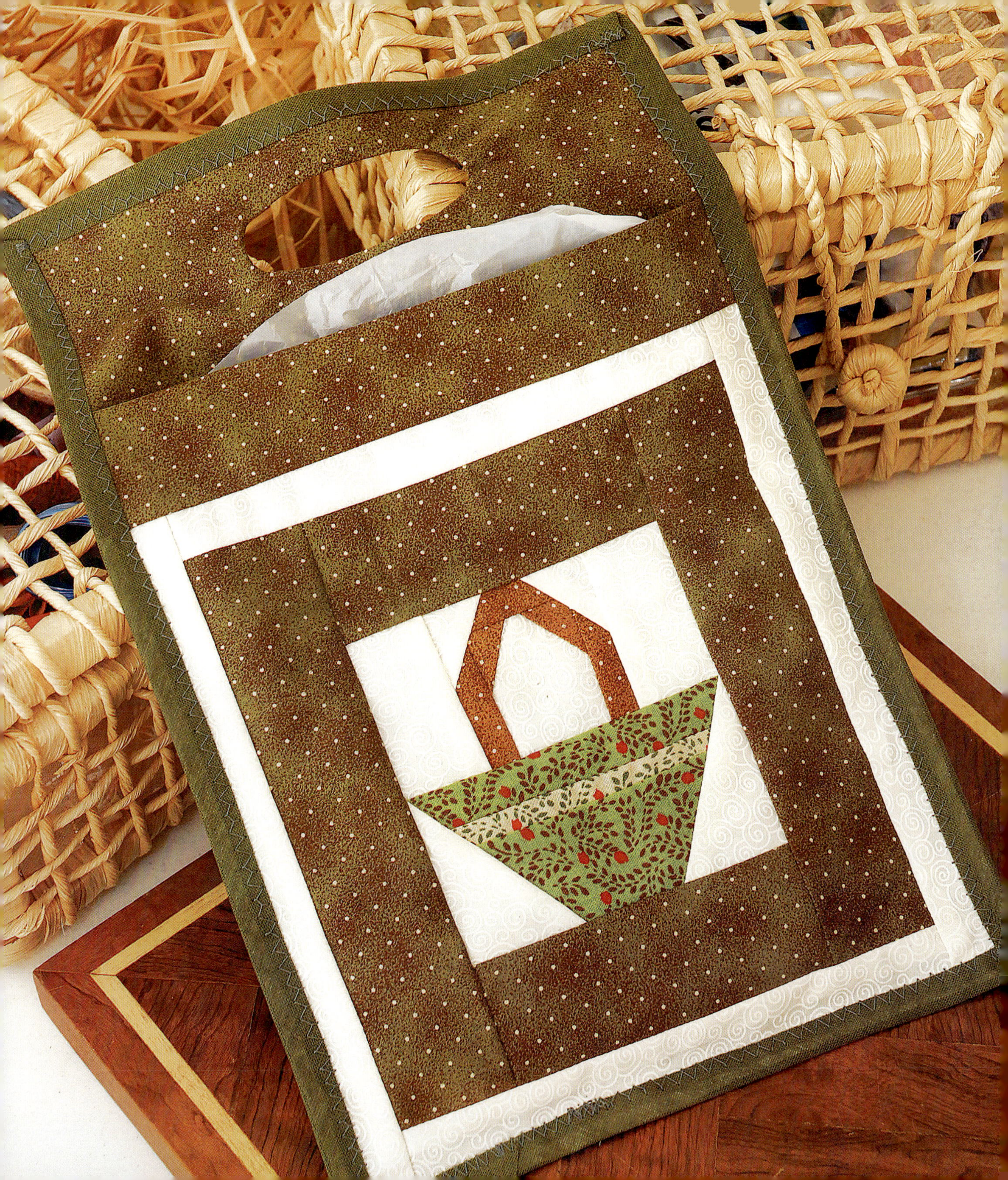

4 e a. Costure ao redor, seguindo a linha da área número 1. Sempre que começar a costura, faça um retrocesso com a máquina.

5. Posicione a régua sobre a costura feita e dobre o papel para fora.

6. Coloque a outra régua sobre a borda dobrada, deixando 0,5 cm de margem e corte o excesso. Neste caso, use uma régua com degrau, encaixando-a direitinho entre a dobra do papel e o tecido. Se você não tiver a régua com degrau, tome cuidado para cortar o excesso, deixando pequena sobra para as outras costuras.

7. Posicione o próximo tecido sobre o número 2, de frente com o tecido número 1.

8. Costure sobre a linha e corte o excesso, usando as réguas.

9. Alfinete o tecido para deixar aberto e continue o procedimento até completar os espaços.

10 e a. Depois, acerte as laterais de acordo com a linha externa.

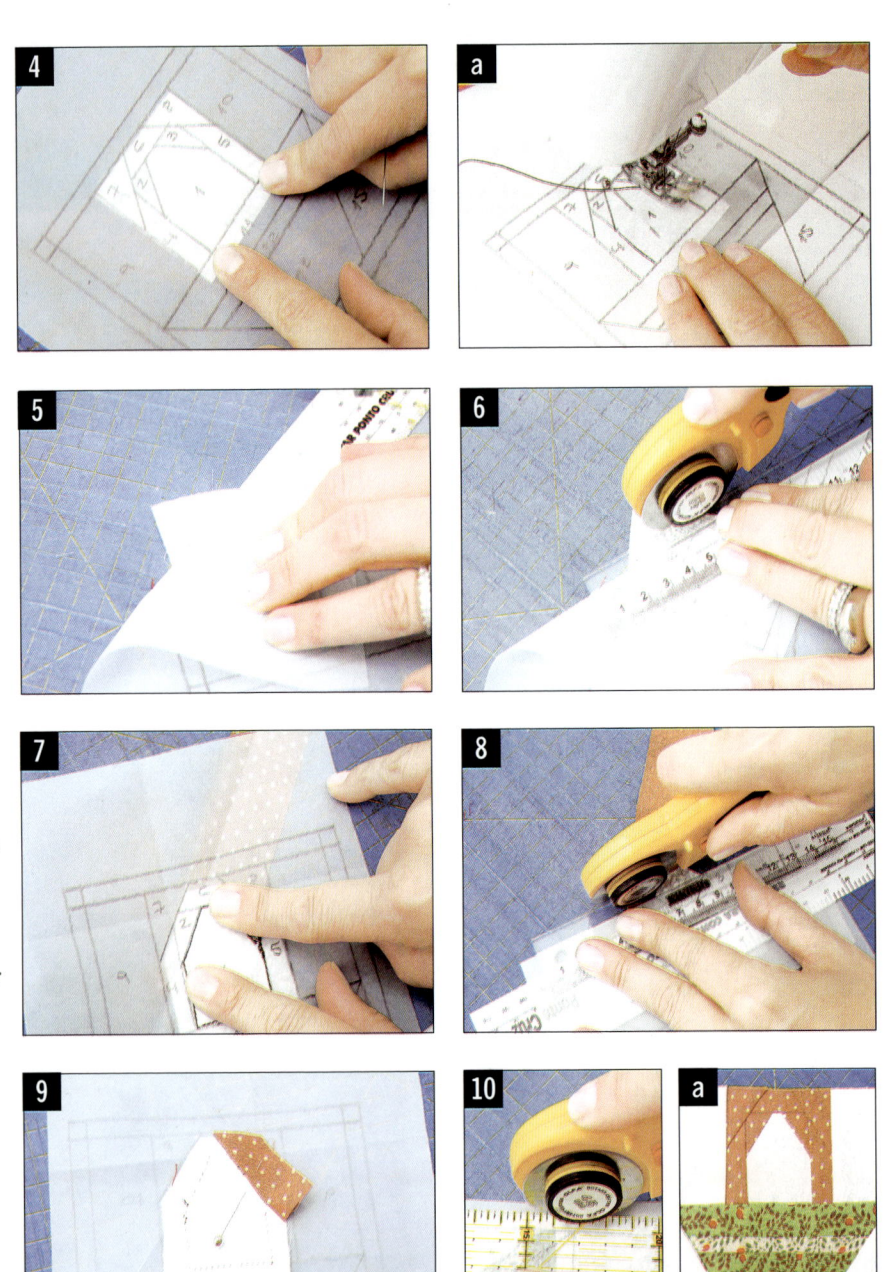

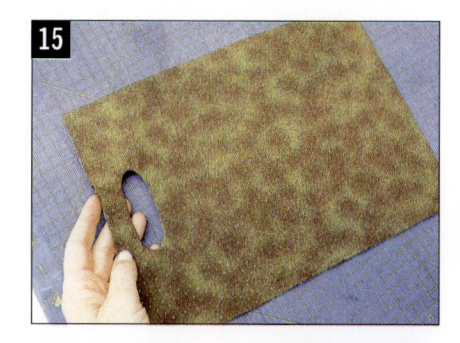

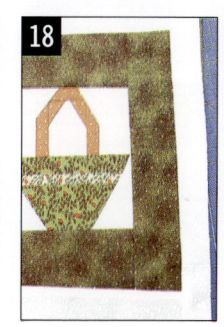

11. Corte 2 vezes o tecido verde de bolinhas com 22 cm x 32 cm. Coloque-os direito com direito e alfinete.

12. Vinque o tecido ao meio para posicionar o molde centralizado. Risque e costure toda a volta para formar a alça.

13. Corte o espaço interno da alça, deixando uma margem pequena nas bordas.

14. Pegue uma das partes e coloque por dentro da abertura da alça, deixando os tecidos com o lado direito para fora.

15. Não se esqueça de passar o tecido a ferro, principalmente para assentar as costuras da alça.

16. Corte o tecido verde de bolinhas numa faixa de 5 cm de largura. Primeiramente, costure as laterais menores no foundation, cortando a faixa no tamanho.

17. Costure, também, as faixas nas laterais maiores. Depois, corte o tecido branco com 3 cm de largura para costurar nas laterais menores.

18. Em seguida, costure as faixas brancas nas laterais maiores.

19. No lado superior, costure uma faixa verde com 5 cm de largura.

20. Corte o mesmo tecido com 26 cm x 21 cm e costure-o juntamente com a faixa verde, no lado superior da peça.

21. Dobre o tecido para trás, alinhando as bordas inferiores da peça. Com isso, o bolso terá uma margem de acabamento.

22. Agora, alfinete o foundation na base com alça da lixeira, alfinetando os três lados.

23. Para dar acabamento no viés, dobre sua pontinha para dentro.

24. Em seguida, dobre o viés ao meio e encaixe-o em toda a volta da lixeira.

25. Costure com algum ponto decorativo da máquina, usando a linha na mesma cor do viés.

26 e a. Para proteger a peça, coloque um saquinho plástico dentro. Na hora de limpar, basta jogá-lo fora e colocar outro.

11,5 cm de largura x 11,5 cm de altura

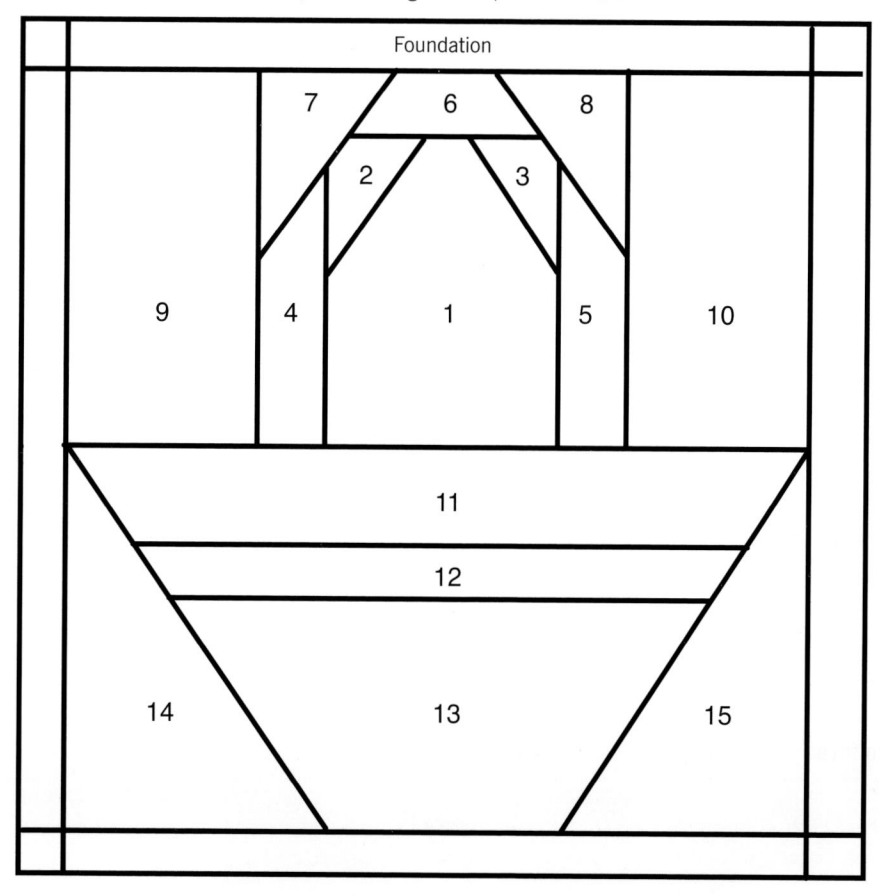

Foundation

7 6 8
2 3
9 4 1 5 10
11
12
14 13 15

Abertura alça lixinho
7,5 cm de largura x 3 cm de altura

Almofada dupla

material

- Material básico de patchwork
- 1 m de manta acrílica
- 2 tons do tecido de algodão azul com 6,5 cm cada
- 2 tons do tecido de algodão amarelo com 6,5 cm cada
- 2 tons do tecido de algodão vermelho com 6,5 cm cada
- 2 tons do tecido de algodão verde com 6,5 cm cada
- 1 m de tecido de algodão branco
- 75 cm x 43 cm de tecido (forro)

passo a passo

1. Para cada bloco, corte uma faixa do tom claro, do tom escuro e do tecido branco com 6,5 cm de largura.

2. Em seguida, corte a faixa do tecido branco com 6,5 cm, formando um quadrado de 6,5 cm x 6,5 cm.

3. Alfinete o quadrado branco sobre a faixa de tom claro, alinhando as bordas.

4. Depois de costurar, corte o excesso da faixa rente à borda do quadrado.

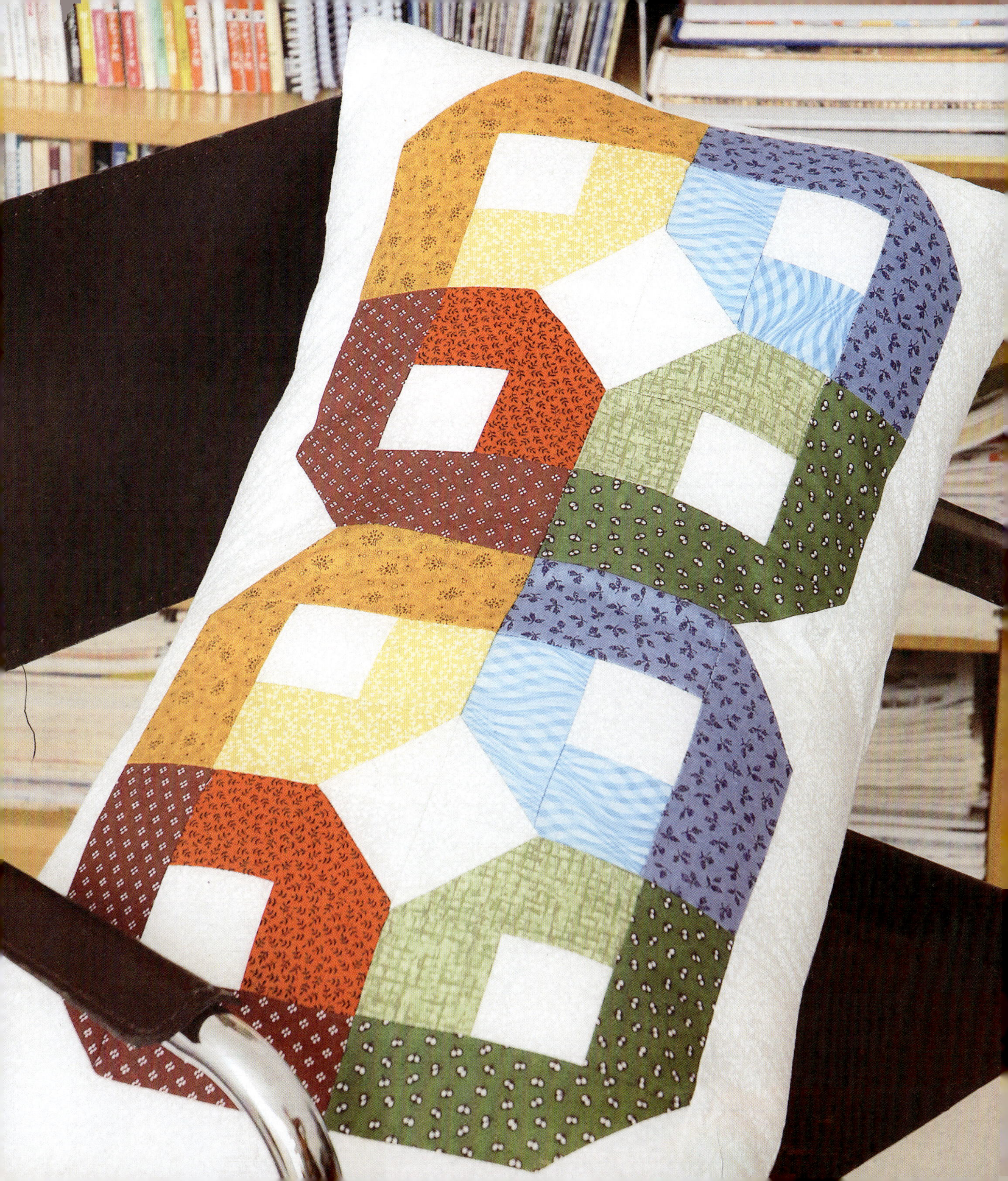

5. Seguindo o sentido horário, prenda a mesma faixa de tom claro sobre a peça. Costure e corte o excesso.

6. Agora, prenda a faixa de tom escuro na outra lateral e costure.

7. Corte o excesso da faixa de tom escuro, rente ao trabalho.

8 e a. Volte a costurar a faixa escura no lado superior e corte o excesso.

9. Ao todo são 2 blocos do tom amarelo, 2 azuis, 2 vermelhos e 2 verdes.

10. Para cada bloco, corte 2 quadrados do tecido branco com 6,5 cm x 6,5 cm e risque o centro, de uma ponta à outra, na diagonal.

11. Posicione o quadrado na ponta mais clara do bloco, alinhando as bordas.

12. Coloque o outro quadrado na ponta mais escura do bloco e costure-os sobre o risco feito a lápis.

13 e a. A partir do risco, deixe uma margem de 0,75 cm e corte as pontas dos quadrados com a tesoura.

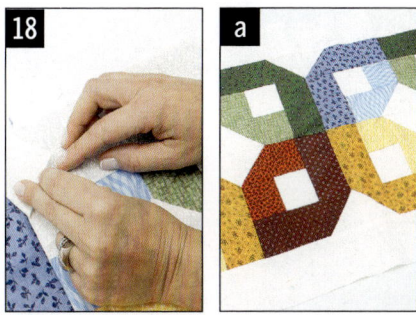

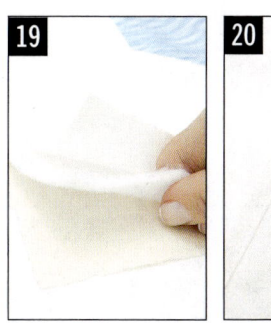

14. Faça o mesmo trabalho no restante dos blocos e não se esqueça de passá-los a ferro.

15. Pegue um bloco de cada cor e alfinete-os lado direito com direito, alinhando as costuras.

16. Faça o mesmo com mais 2 blocos para depois unir os pares.

17. Monte mais uma peça igual e costure-os lado a lado, como mostra a foto.

18 e a. No tecido branco, corte 2 faixas de 7 cm x 62 cm e 2 de 7 cm x 47 cm. Costure-as em cada lateral do trabalho.

19. Corte o tecido do forro e a manta um pouco maior que o patch e monte o sanduíche: forro, manta e patch. Costure toda a volta.

20. Para fazer o "envelope" da almofada, corte o tecido branco com 42 cm x 35 cm e 42 cm x 50 cm. Na lateral de 42 cm de cada retângulo, faça uma dobra de 0,5 cm e costure.

21. Coloque o retângulo maior em uma lateral e o menor na outra lateral, por cima.

22. Costure toda a lateral e desvire a peça pela abertura.

Bolsa

material

- Material básico de patchwork
- Material básico de costura
- 4 tecidos de algodão xadrez de cores diferentes com 10 cm cada
- 50 cm de tecido de algodão vermelho
- 5 cm de tecido de algodão estampado
- 50 cm de tecido de algodão para o forro
- 50 cm de feltro
- Ímã de bolsa

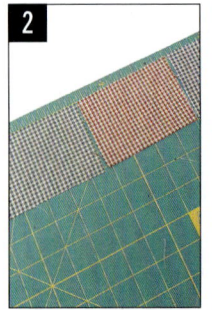

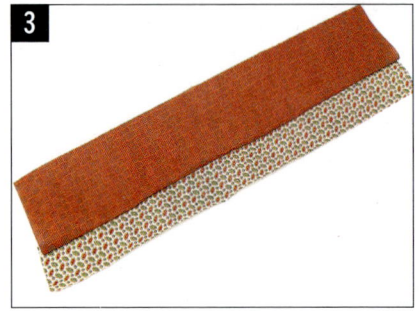

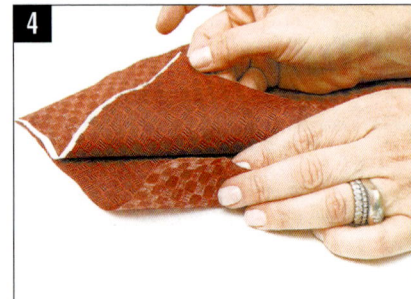

passo a passo

1. De cada tecido xadrez, corte faixas de 7,5 cm de largura e, destas faixas, corte 10 peças de 11,5 cm.

2 e a. Em seguida, costure os retângulos entre si, pelo lado menor, intercalando as cores. Você terá 5 faixas com 4 retângulos cada. Faça mais um bloco igual.

3. Do tecido estampado, corte 2 faixas de 4,5 cm x 41 cm e do tecido vermelho, 2 faixas de 9 cm x 41 cm. Depois, monte 2 peças com cada, costurando-as pelo comprimento. Reserve.

4. Corte a medida de 33 cm x 19 cm: 2 vezes no tecido vermelho e 1 vez no feltro. Monte o sanduíche com os tecidos (lados direitos juntos) e o feltro.

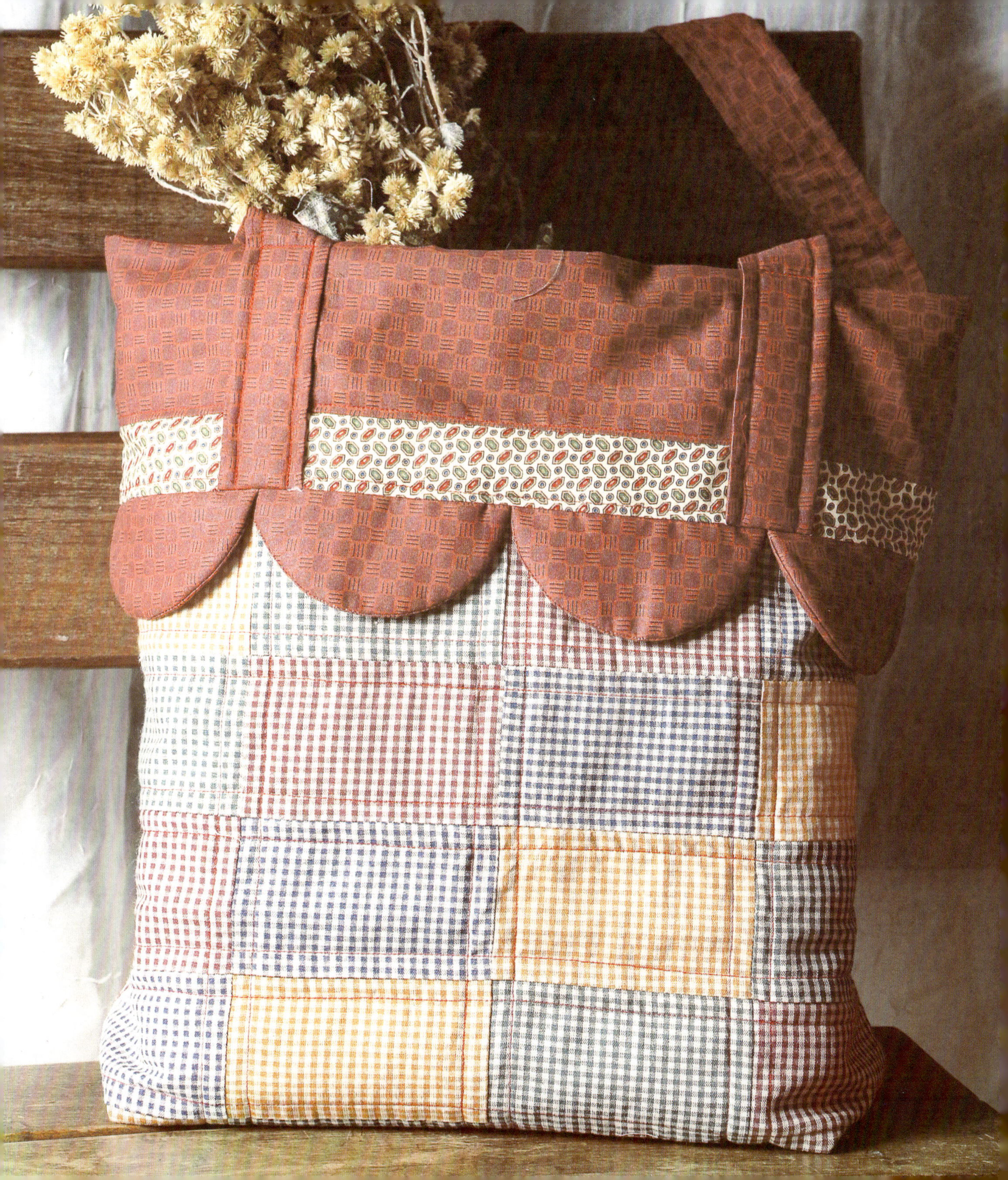

5. Utilize o lápis para transferir sobre o feltro deste sanduíche, 8 vezes o molde dos semicírculos (pág. 128).

6. Faça a costura sobre o lado arredondado e corte as peças com uma pequena margem de costura.

7. Pela parte reta que está sem costura, desvire as 8 peças.

8. Para a alça, corte 2 vezes o tecido vermelho com 9 cm x 90 cm. Dobre ao meio – lado direito com direito – e passe a costura pela lateral maior.

9. Desvire a alça e corte 2 vezes o feltro com 3 cm x 90 cm. Use o desvirador de viés para ajudar a inserir o feltro dentro de cada alça.

10. Use a linha na mesma cor do tecido para costurar as 2 laterais maiores de cada alça. Para isso, use um pé de máquina de distância em relação a cada borda.

11. Agora, alfinete 4 semicírculos no lado superior de cada bloco, como mostra a foto.

12. Alfinete também a alça, deixando-a entre o primeiro e o último semicírculo. O mesmo vale para a outra alça com o outro bloco.

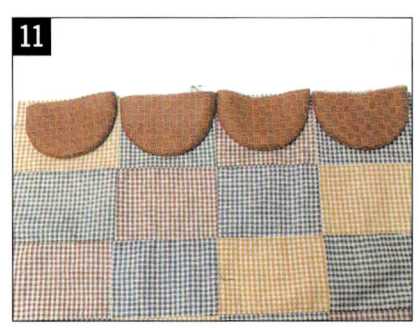

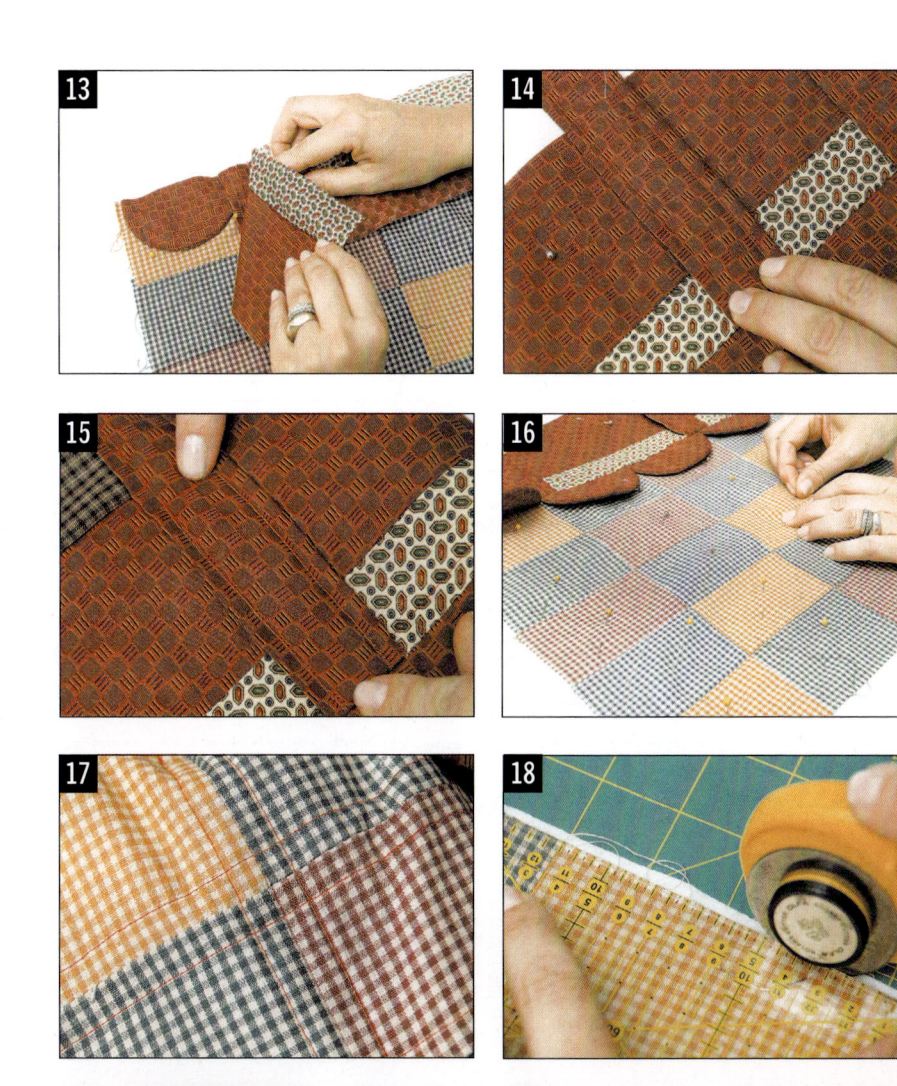

13. Em seguida, alfinete a faixa costurada no passo 3 – lado direito com direito – e passe a costura.

14. Abra esta faixa costurada e arrume a alça por cima dela.

15. Prenda a alça na bolsa, fazendo a costura 1 cm antes da borda, conforme indicação da foto. Faça o mesmo com a outra parte.

16. Corte o feltro 2 cm maior que o trabalho, posicione-o por baixo do trabalho e prenda com alfinetes.

17. Faça o quilt reto entre os blocos, com um pé de máquina de distância entre as costuras.

18. Depois, acerte as 2 partes da bolsa, retirando o excesso de manta.

19. Coloque as 2 partes da bolsa – lado direito com direito – e costure as 3 laterais.

20. Nos 2 cantos inferiores (frente e costas da bolsa), marque um quadrado de 6 cm de lado.

21. Abra as pontas para formar um triângulo, de forma que a sua base seja o risco. Alfinete e costure sobre este risco.

22. Dobre as pontas para dentro, como mostra a foto, e costure as pontas dos triângulos com pequenos pontos para dar mais sustentação à bolsa.

23. Do tecido do forro, corte 2 quadrados de 41 cm x 41 cm. Coloque-os lado direito com direito e costure toda a volta, deixando abertura de 10 cm para desvirar.

24 e a. Em seguida, marque o fundo da mesma maneira em que foi feito com a bolsa, inclusive, dobrando as pontas dos triângulos para dentro e prendendo-os com pequenos pontos a mão.

25. Vista o forro na bolsa, deixando os avessos para fora e costure toda a volta.

26. Pela abertura do forro desvire as partes.

27 e a. Ajeite o forro por dentro da bolsa e rebata a costura, usando a linha na mesma cor do tecido.

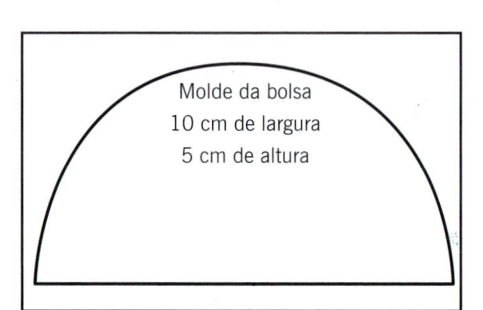

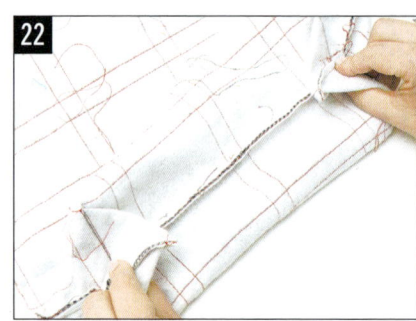

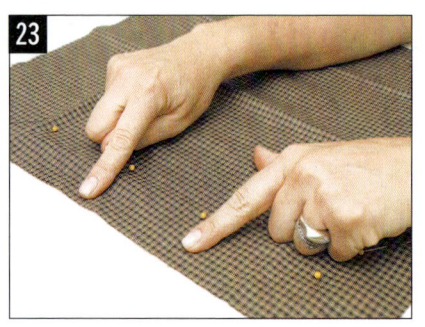

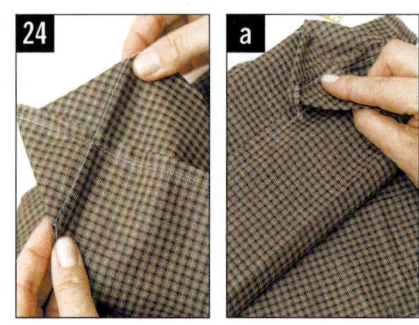

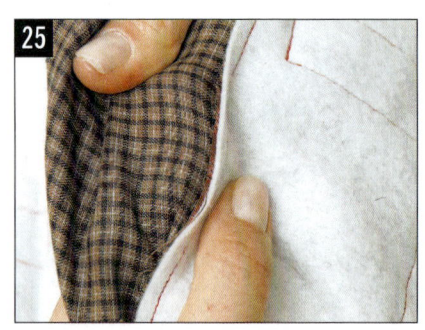

Molde da bolsa
10 cm de largura
5 cm de altura

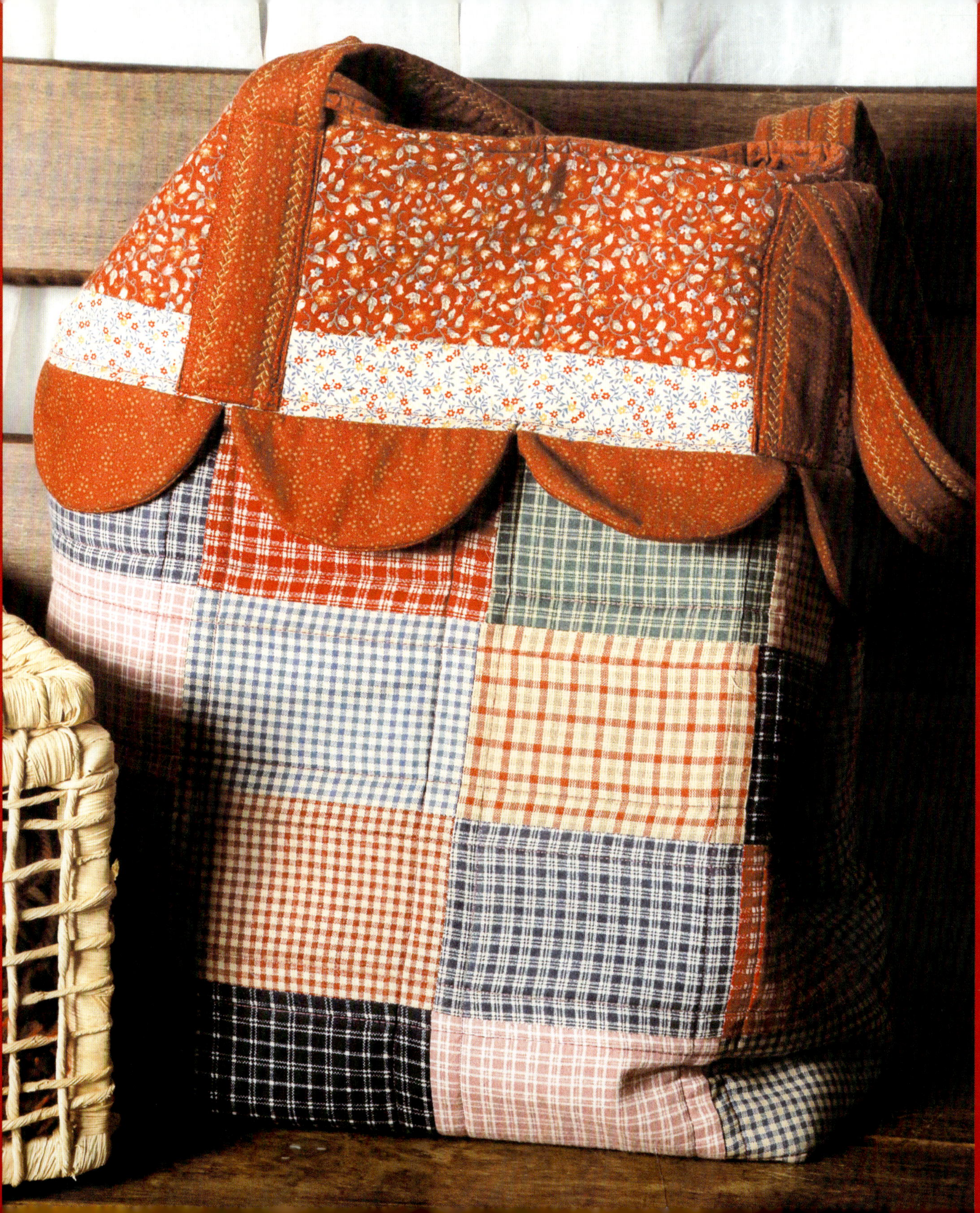

Manta infantil

material

- ▼ Material básico de patchwork
- ▼ Material básico de costura
- ▼ 9 cores diferentes de tecido de algodão com 30 cm cada
- ▼ 1,50 m de tecido para o forro
- ▼ 1,40 m de feltro
- ▼ Cola adesiva temporária para tecidos

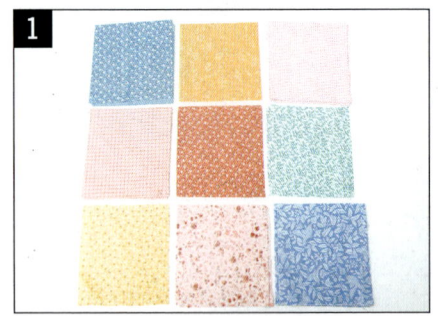

passo a passo

1. Dos 9 tecidos diferentes, corte 4 quadrados cada com 31,5 cm x 31,5 cm.

2. Em seguida, monte 4 blocos com 9 quadrados cada.

3. Dobre o bloco ao meio 2 vezes e passe o ferro para vincar.

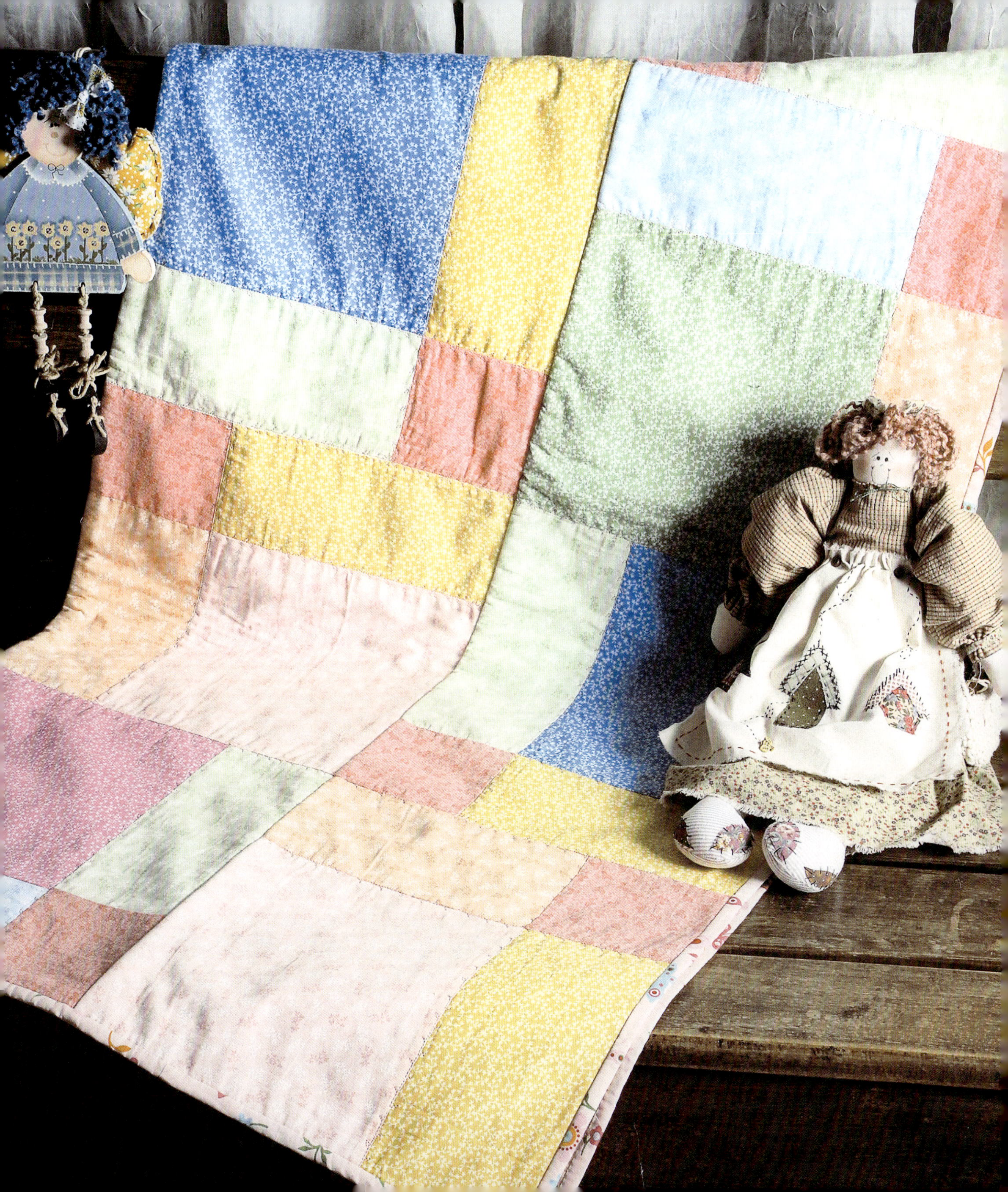

4. Faça um corte sobre os vincos formados – vertical e horizontal.

5. De cada bloco, você terá 4 novos quadrados.

6. Pegue 2 quadrados, intercalando as cores e costuras. Alfinete e costure-os.

7. No total, forme 4 faixas com 4 novos quadrados.

8. Em seguida, costure as faixas entre si.

9. Corte o tecido do forro e o feltro com 1,40 m x 1,40 m e monte o sanduíche: forro (lado direito para baixo), feltro e patch (lado direito para cima).

10. Use a cola adesiva temporária para unir as partes. Para isso, espalhe-a em cada camada do sanduíche e estique bem o tecido. Ou, então, alinhave.

11. Use um ponto decorativo da máquina para quiltar entre as emendas das faixas.

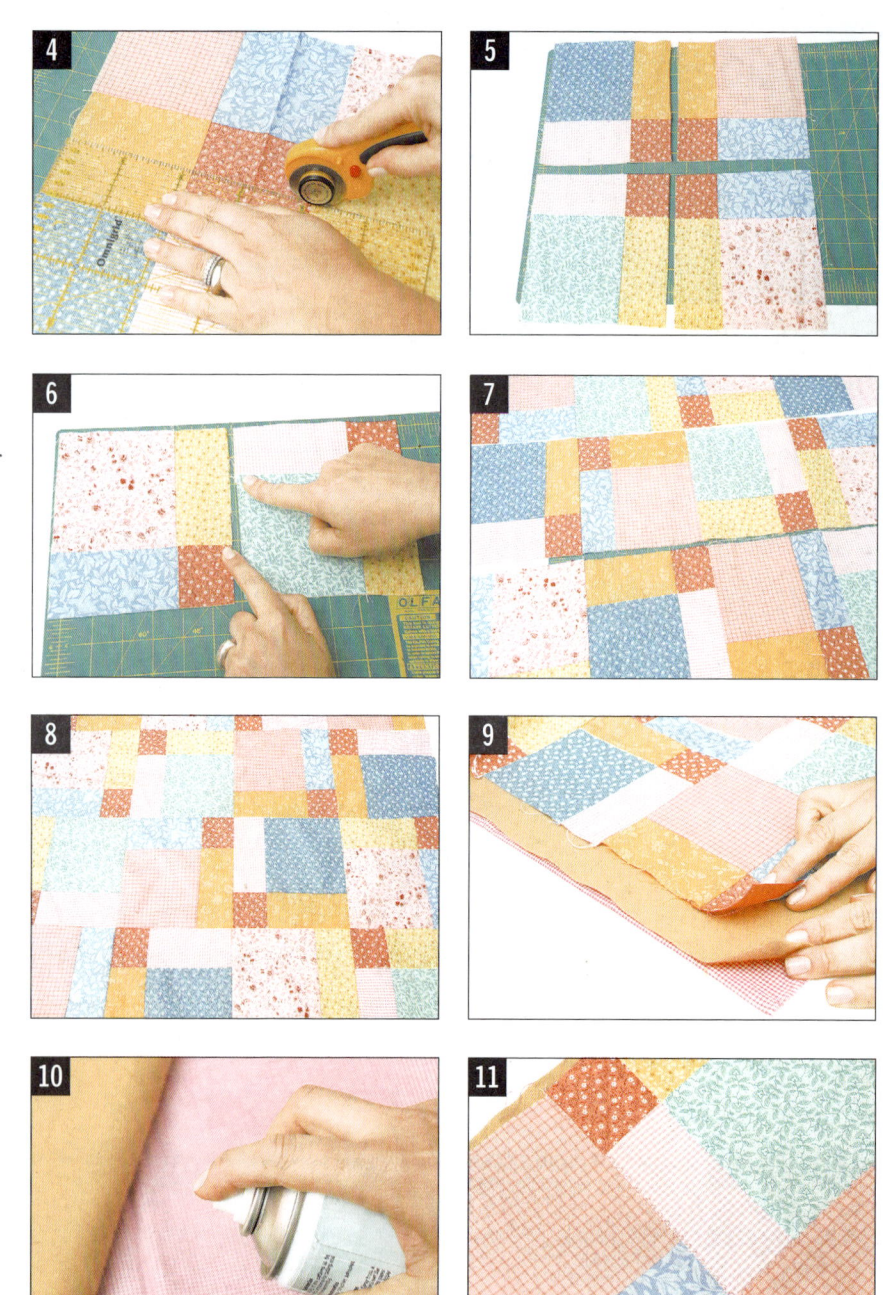

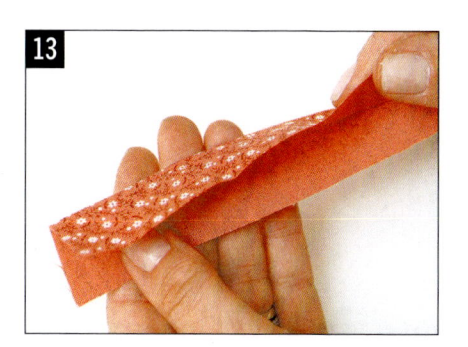

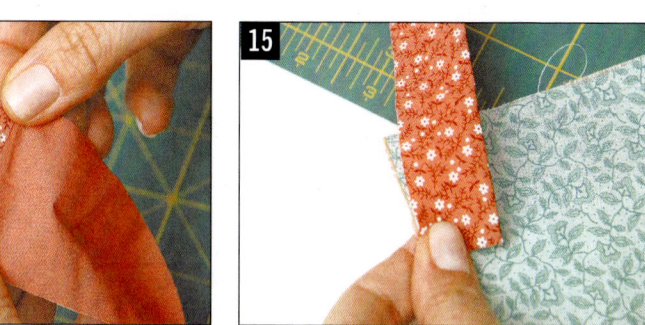

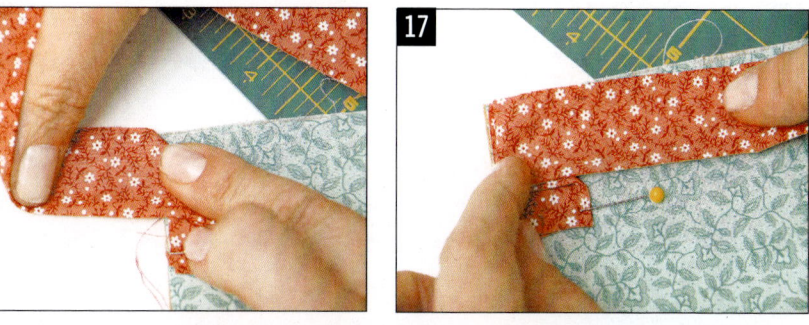

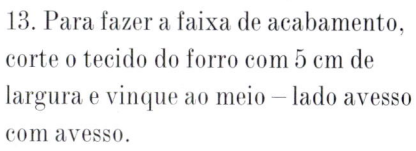

12. Corte os excedentes, deixando a peça no tamanho de 1,20 m x 1,20 m.

13. Para fazer a faixa de acabamento, corte o tecido do forro com 5 cm de largura e vinque ao meio – lado avesso com avesso.

14. Antes de alfinetar a faixa, dobre sua pontinha para dentro.

15. Posicione a faixa na peça um pouco antes da ponta e alfinete-a.

16. Quando chegar no canto, faça uma dobra em diagonal para fora.

17. Volte a faixa de acabamento por cima desta dobra e continue a alfinetar até completar toda a volta.

18. Leve à máquina para costurar toda a volta.

19 e a. Dobre a faixa sobre a costura, para o outro lado, e prenda com pontos invisíveis.

Caminho de mesa

material

▼ Material básico de costura

▼ 2 cores diferentes de tecido de algodão com 45 cm cada

▼ Molde

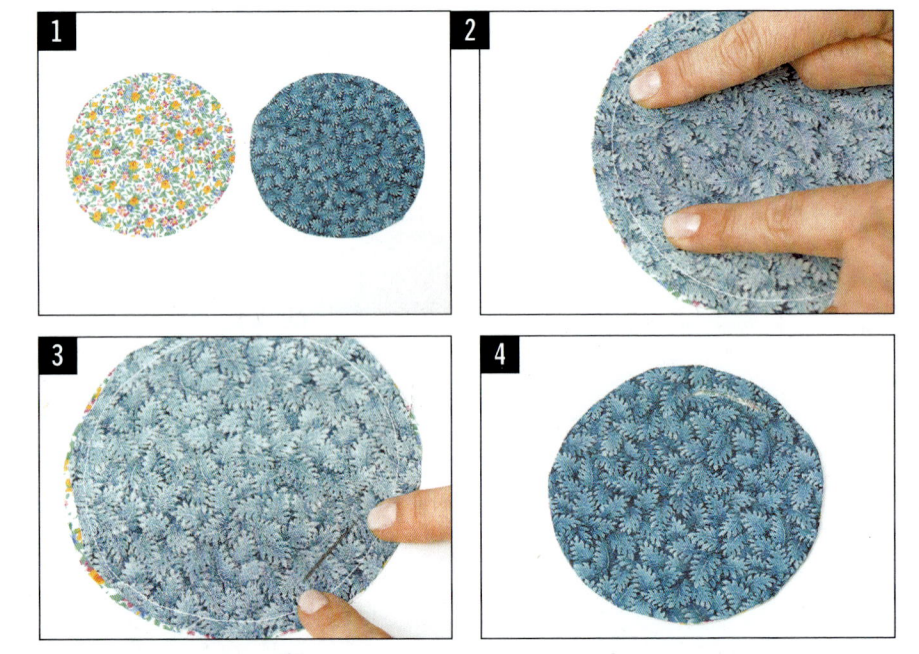

passo a passo

1. Transfira e recorte 18 vezes o círculo em cada cor de tecido.

2. Pegue um círculo de cada tecido, coloque-os lado direito com direito e costure toda a volta.

3. No tecido mais escuro, faça um risco distante 1,5 cm em relação à borda e corte-o com a tesoura.

4. Desvire a peça por esta abertura e passe a ferro. Faça o mesmo com o restante dos círculos.

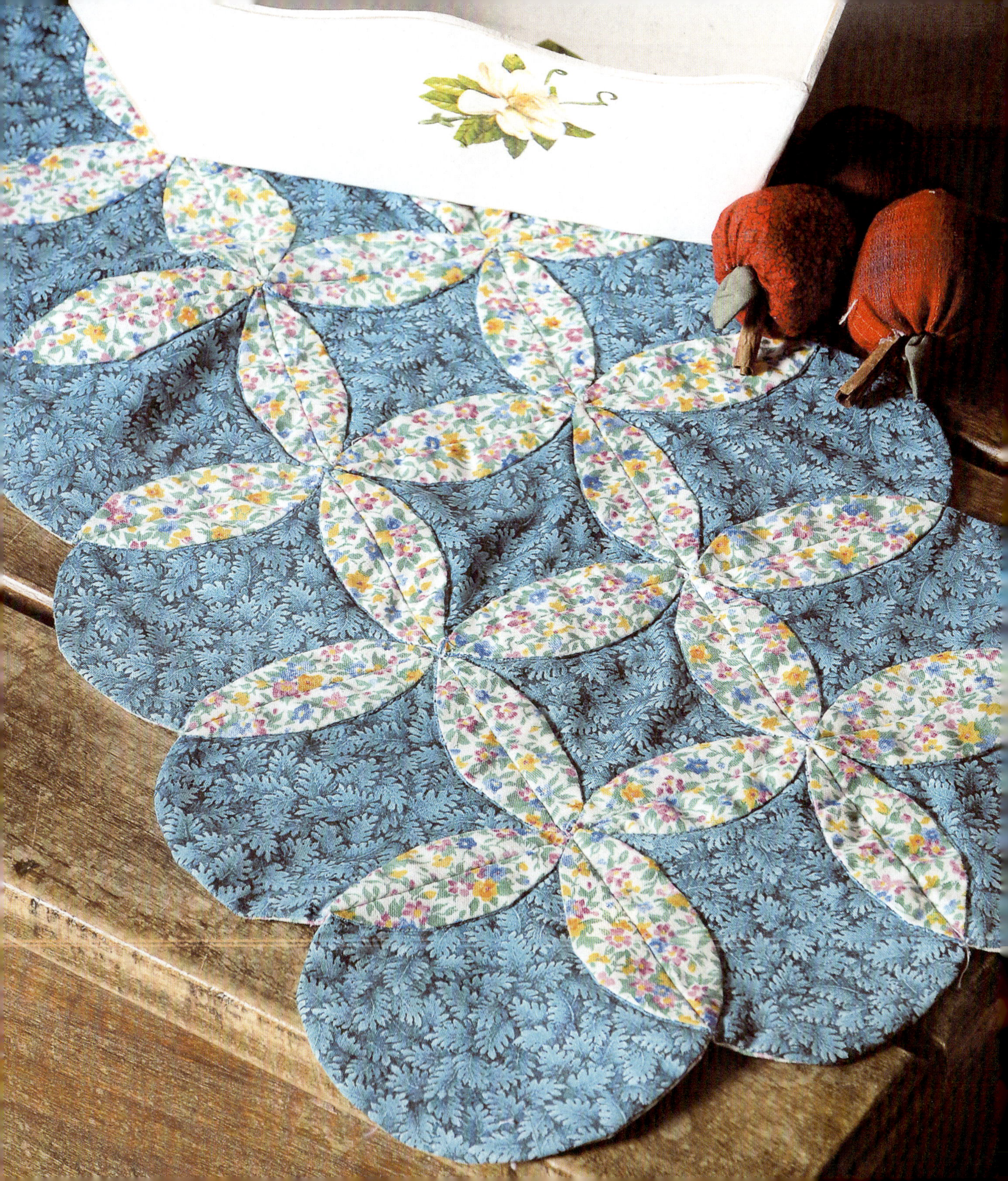

5. Agora, una 2 círculos de modo que as partes claras fiquem juntas.

6 e a. Da borda para dentro, marque a margem de 1,5 cm e costure na máquina.

7. Deixe as abas formadas abertas e passe-as a ferro para alfinetá-las.

8. Depois, costure o terceiro círculo da mesma maneira. Ao todo são 6 blocos com 3 peças cada.

9 e a. Junte o blocos entre si e costure-os, tomando o cuidado de não passar o pé de máquina nas abas abertas.

10. Em seguida, prenda a aba na peça com pontos invisíveis.

11. Se você quiser montar uma colcha, por exemplo, basta aumentar o círculo, usando um molde maior.

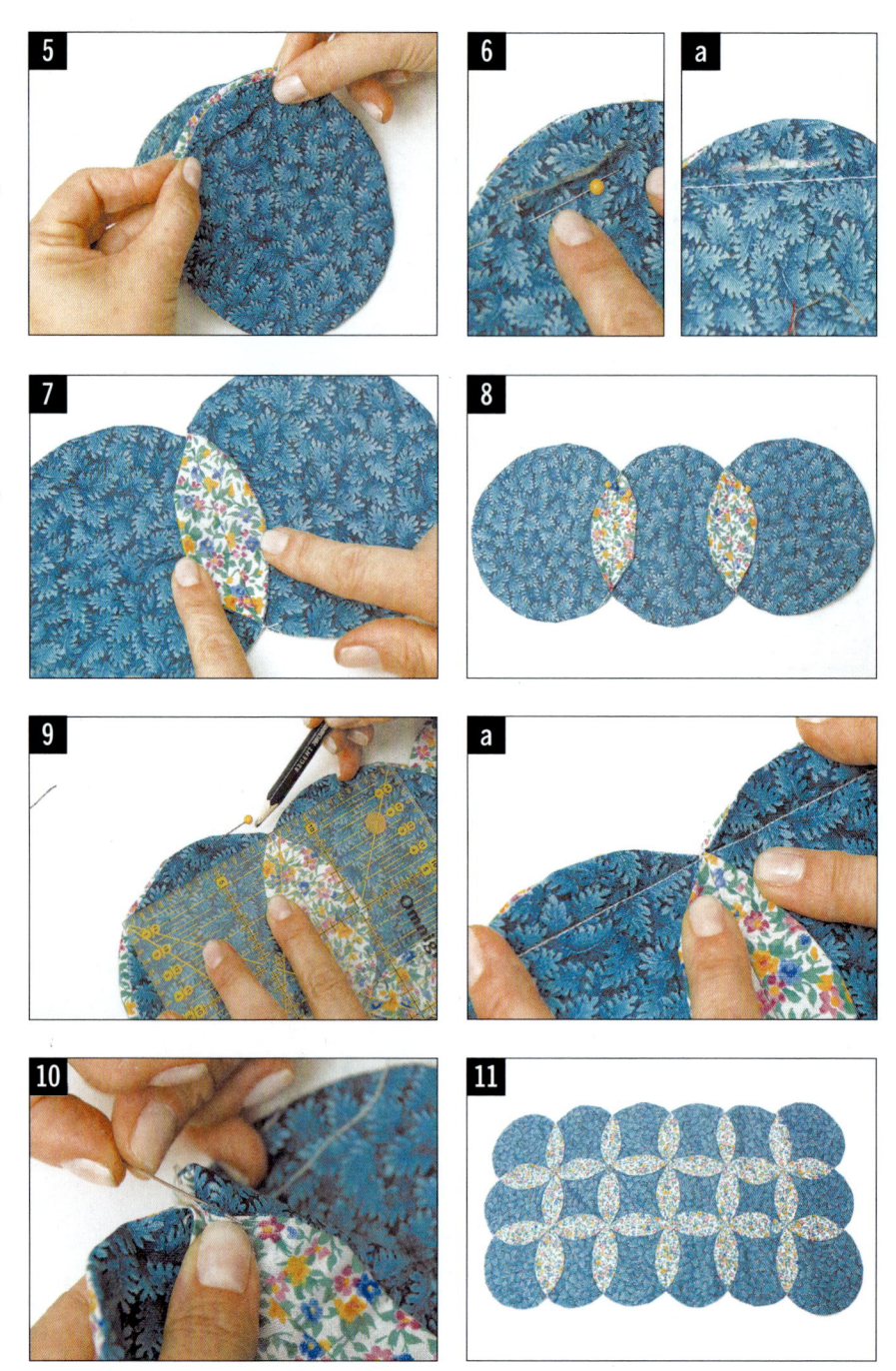

13,5 cm de diâmetro

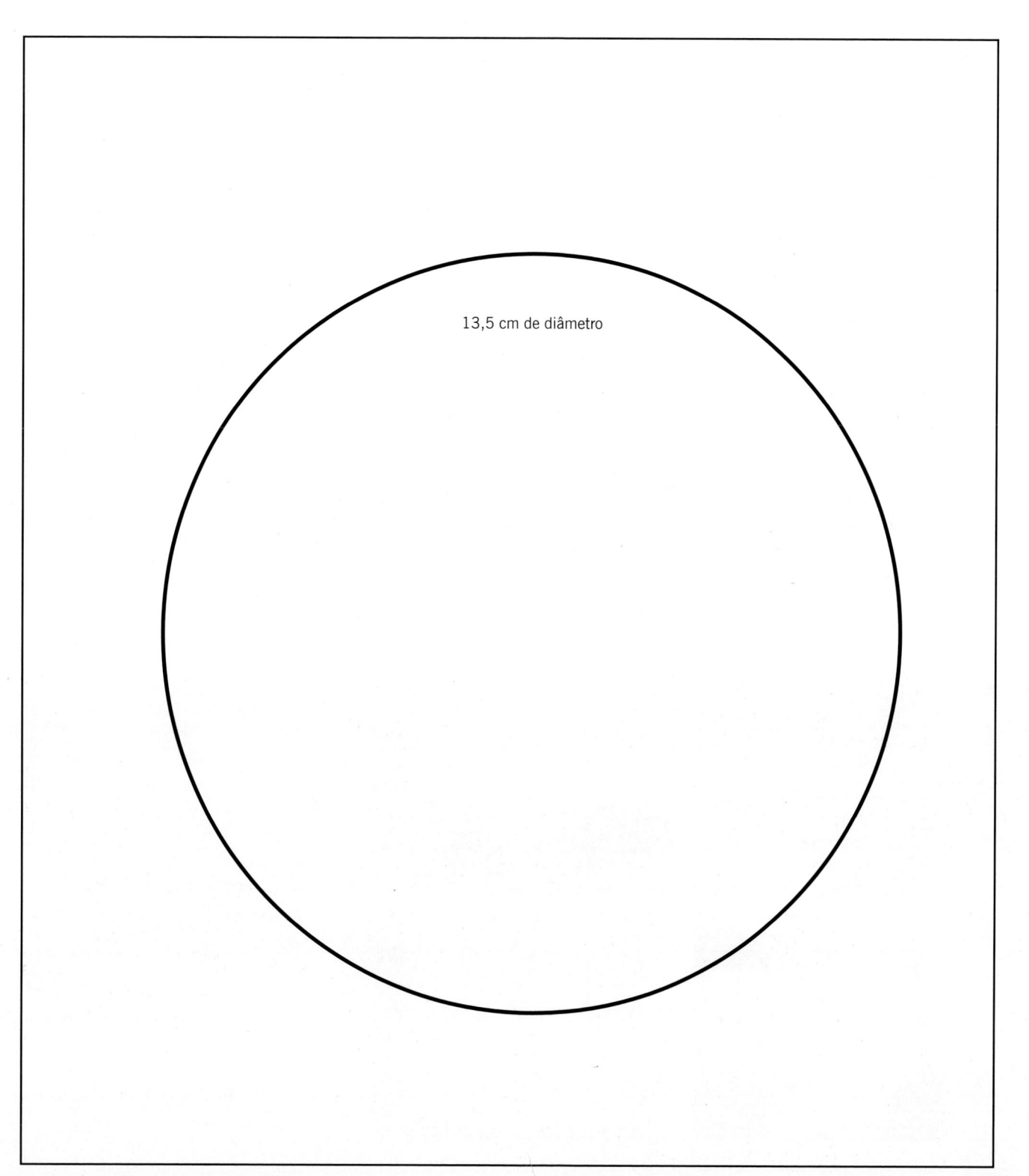

Panô

material

- Material básico de patchwork
- 6,5 cm de tecido de algodão azul
- Retalhos de tecido de algodão de 6 tons diferentes (para os corações)
- Retalhos de tecido de algodão de 4 tons diferentes de bege (fundo dos corações)
- 45 cm de tecido de algodão para o forro
- 4,5 cm de tecido de algodão vermelho
- 15 cm de papel termocolante lite
- 50 cm de manta acrílica
- Presilhas de metal
- Varão de madeira

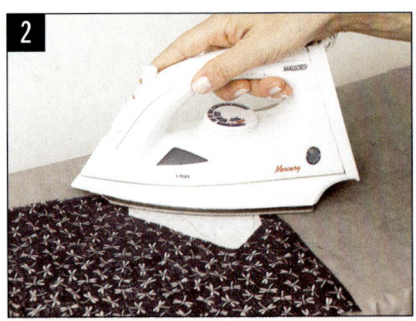

passo a passo

1. Comece o trabalho pelas aplicações. Na parte lisa do papel termocolante, transfira os moldes dos corações (pág. 142).

2. Coloque o avesso do tecido na parte rugosa do papel termocolante e passe a ferro por 5 segundos, em temperatura de seda. Para cada coração, use um retalho diferente.

3. Recorte os moldes com a tesoura. Para o coração maior, use um retalho azul. Reserve.

4. Em um dos tons dos retalhos bege, corte 4 quadrados de 8 cm x 8 cm.

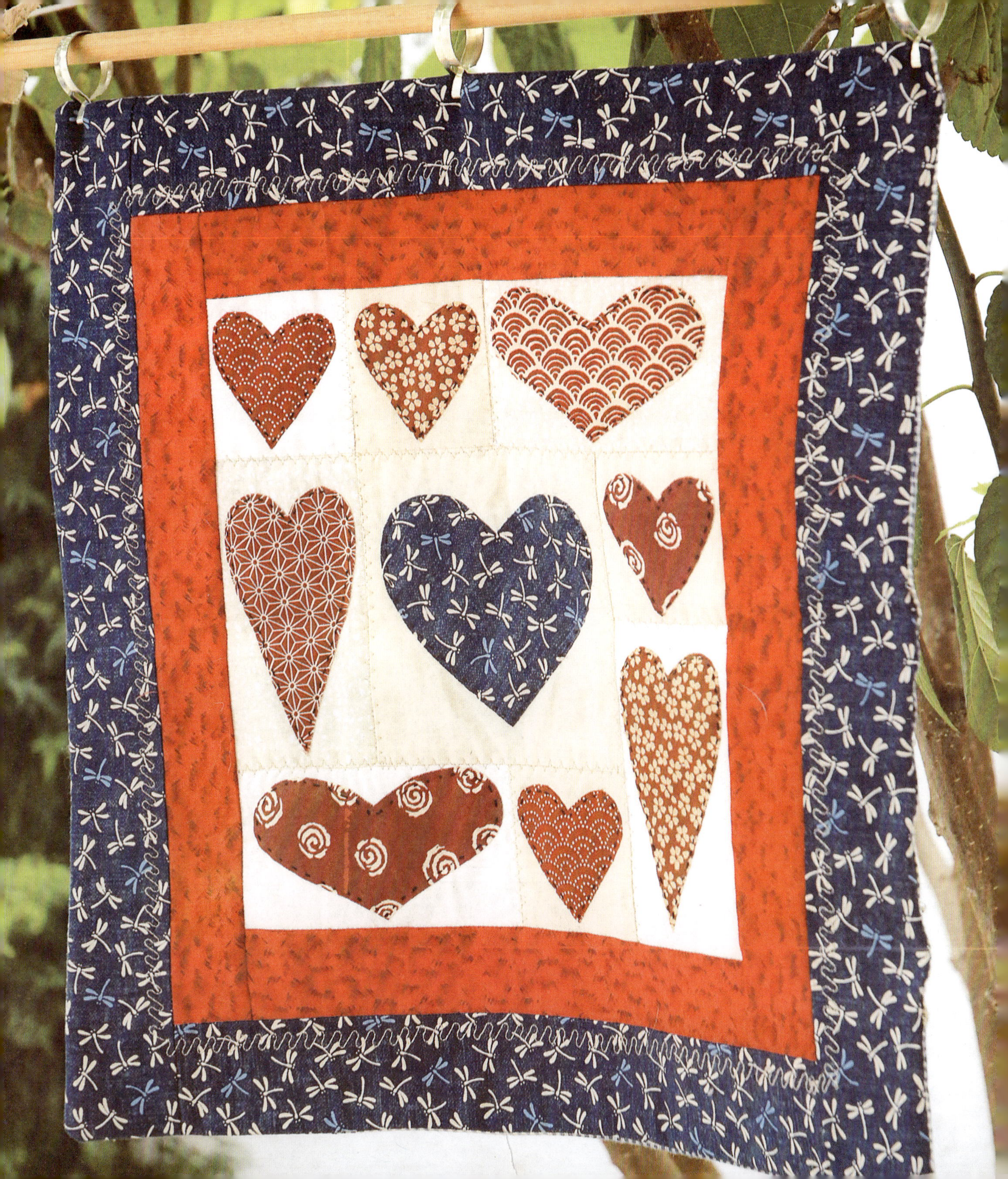

5. Em outros tons de bege, corte 4 retângulos de 14 cm x 8 cm.

6. E em outro tom do bege, corte um quadrado de 14 cm x 14 cm.

7. Agora, retire o papel protetor dos corações.

8 e a. Centralize os corações de acordo com o tamanho dos quadrados e retângulos. Volte a passar a ferro para fixar.

9. Agora, costure uma peça com a outra, seguindo a sequência que desejar.

10. Fique atenta para deixar o coração maior centralizado.

11. A composição terá, ao todo, 9 corações costurados.

12 e a. Com a linha de bordar, pesponte a volta de todos os corações.

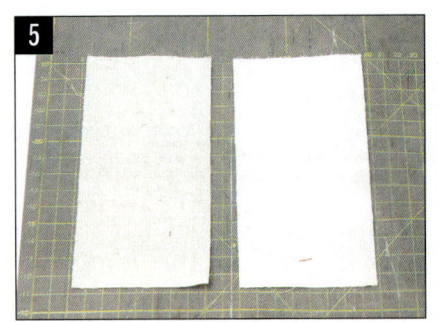

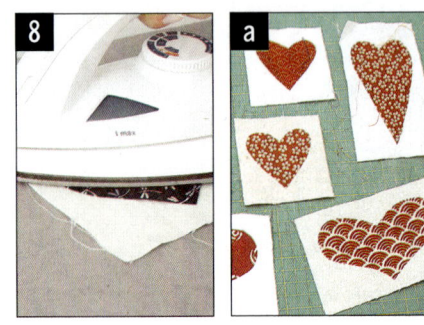

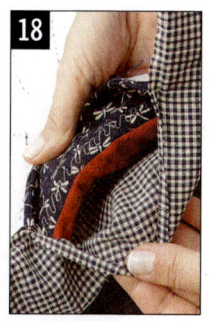

13. Use o tecido vermelho de 4,5 cm e costure-o em toda a volta do bloco.

14. Agora, costure a faixa azul de 6,5 cm em volta da borda vermelha.

15. Corte a manta acrílica um pouco maior que o patch e coloque-a embaixo dele.

16. Quilte (costure) sobre as emendas dos retângulos com o ponto decorativo da máquina. Depois, corte o excesso da manta.

17. No tecido do forro, corte 45 cm x 45 cm e coloque-o por baixo do patch, lado direito com direito.

18. Costure toda a volta, deixando uma pequena abertura para desvirar a peça.

19. Desvire e feche esta abertura com pequenos pontos à mão.

20. Faça uma costura ao redor da margem vermelha, usando um ponto decorativo da máquina.

21. Para pendurar o painel, use presilhas de metal.

22. Por dentro das presilhas, passe o varão.

2x
6 cm de largura x 5,5 cm de altura

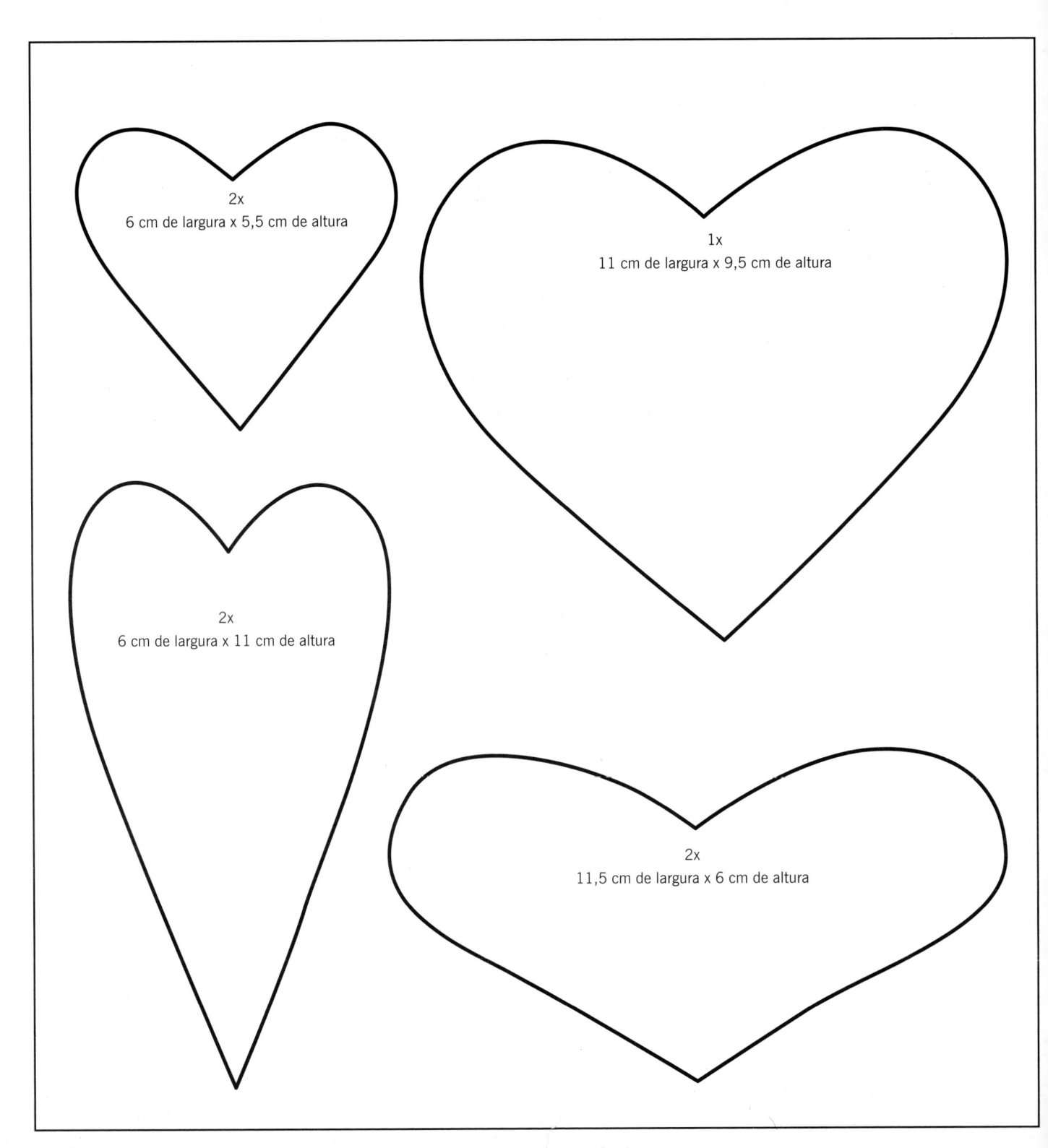

1x
11 cm de largura x 9,5 cm de altura

2x
6 cm de largura x 11 cm de altura

2x
11,5 cm de largura x 6 cm de altura

PATCHWORK: A ARTE DE UNIR RETALHOS
foi impresso em São Paulo/SP, pela Gráfica Oceano, para a Editora Lafonte, em 2017.